ISBN: 9780990597339

Autor y editor: Dr. Victor Arroyo
Primera edición: Noviembre 10, 2016
E-Mail: victorarroyoarroyo@gmail.com
www.demedicoamaestro.com

Diseño de portada: Mason Balouchian
Impreso por AD Graphic Studio
Casselberry, Florida 32707

de la mano de Jesús

"Ven, sígueme"

Verdades Espirituales
Dr. Victor Arroyo

4

Sobre el autor:

El Dr. Victor Arroyo es licenciado en farmacia, doctor en medicina, posee una especialidad en medicina interna, con subespecialidad en cardiología. Fue fundador, director y dueño del primer laboratorio vascular y cardiovascular clínico, a nivel privado, en la ciudad donde practicó la subespecialidad de cardiología por treinta años.

Es miembro del Colegio de Médicos y Cirujanos de Puerto Rico, de la Sociedad Puertorriqueña de Cardiología y de la "Pan-American Medical Association of Central Florida", USA.

Estudió y se graduó de maestro de Verdades Espirituales en "Unity Institute of Christianity", Missouri, USA. Posee una especialidad en educación de adultos. Actualmente dedica su tiempo a enseñar y escribir. Es autor de cuatro libros sobre enseñanzas y verdades espirituales:

de Médico a Maestro
de Corazón a Corazón
de Adán a Jesús
de la mano de Jesús

Agradecimiento:
A Annie, mi esposa y compañera espiritual.
Gracias por la dedicación y amor en la revisión y corrección del libro.

CUANDO EL DISCÍPULO ESTÁ LISTO, TAMBIÉN LO ESTÁ EL MAESTRO.

6

Índice:

Introducción

de la mano de Jesús es el sueño del autor de compartir Verdades Espirituales con Jesús. Ese sueño lo llevó a la ciudad de Jerusalén, donde se encontró con Jesús. Lo reconoció a través de una pintura. El y el autor acuerdan hacer juntos el trayecto, el *"Camino"*.

Jesús nos advierte: *"Yo no soy de este mundo, he venido al mundo y en conciencia me mantengo unido al Padre".* Inmediatamente realizamos que cuando emprendemos el trayecto de la mano de Jesús, lo primero que sabemos es que **no somos solamente** de este mundo. Pertenecemos en conciencia a una dimensión superior, la dimensión espiritual, y aceptamos de todo corazón nuestra divinidad como hijos de Dios y herederos de todo Su bien.

Desde el comienzo del sendero se establece una relación amorosa, de confianza y respeto, a tal grado que Jesús me abre su corazón contándome relatos de su familia, su niñez y adolescencia.

En el trayecto, Jesús y el autor dialogan y comparten ideas, conceptos, principios, verdades espirituales y enseñanzas.

Amorosamente me explica detalladamente la guía que se le reveló en el monte, la cual debe seguir todo el que anhela ir al Padre.

de la mano de Jesús nos enseña a relacionarnos con el mundo interior. El mundo interno en nosotros es ilimitado, no cambia, es perfecto y puro. Es por eso que en la dimensión espiritual podemos caminar, de la mano de Jesús. Es una experiencia constante y eterna del fluir. El anhelo de nuestra alma es mantenerse en ese estado, en ese espacio, en *"el Camino, la Verdad y la Vida"*, en conciencia Dios.

INVITACIÓN:

Te hago la misma invitación que te hice en mi primer libro de Verdades Espirituales; **de Médico a Maestro:** *"Ven, Sígueme, levántate"*.

Estas palabras de Jesús te invitan a seguirlo en el camino superior y a levantarte al nivel de conciencia más elevado, la conciencia Crística.

En ese estado de conciencia no vas a mirar hacia atrás. Recordarás siempre Sus palabras: *"El que esté en la azotea y sus bienes en su casa, no descienda a tomarlos"*.

Gracias por decir **"Si"** a mi invitación. Bendiciones, Dr. Víctor Arroyo (maestro espiritual).

PRIMERA PARTE:

Yo Soy el Camino

Mi sueño

Ya era tarde en la noche y me disponía a retirarme a descansar. Había estado escribiendo la lección de la clase de Verdades Espirituales y necesitaba buscar entre mis apuntes, un material muy particular sobre Jesús. Cerca del material encontré una pintura de Su rostro. Me la habían regalado en un retiro espiritual. La llevé conmigo a la cama, mientras la contemplaba, el sueño me venció y mi viaje comenzó.

Han sido muchas las veces que había soñado hacer un viaje acompañado de Jesús, el Señalador del Camino. Me había preparado para discernir la Verdad, a través de los años de estudios sobre Verdades Espirituales. Emprendí mi viaje sin titubeo alguno. Fue una decisión armoniosa, amorosa y perfecta. Es un viaje en **conciencia** y lo llamé, **de la mano de Jesús.**

Su pintura me permitió reconocerlo inmediatamente. Su descripción física la realizó un oficial romano en Judea, por medio de una carta auténtica, enviada al Senado Romano en el reinado de Tiberio César.

En la carta él describió a Jesús como: *"Un hombre de estatura un tanto alta y muy apuesto, de un rostro tan reverente, que el observador amaría y temería a la vez. Su pelo es del color de las castañas bien maduras, lacio hasta las orejas, desde donde, hacia abajo, es más oriental y rizado, ondulado sobre los hombros. En el centro de la cabeza hay una hendidura o partidura de Su cabello, al estilo de los Nazarenos. Su frente es muy lisa y delicada, Su cara sin mancha ni arruga, bella, y con un delicado rosado. Su nariz y Su boca están formadas como nada que pueda reproducirse. Su barba es espesa y a tono con el color de Su pelo, no muy larga, hirsuta. Su mirada es inocente y moderada, Sus ojos, claros y vivos. Al reprochar es terrible, al amonestar es cortés y de suave acento. No puede recordarse que nadie le haya hecho reír, aunque muchos le han visto llorar. En proporción, Su cuerpo es casi perfecto, Sus manos y brazos muy delicados a la vista. Al hablar es moderado, modesto y sabio. Un hombre, que por su belleza sobrepasa a los hijos de los hombres".*

—"Jesús me preguntó hacia dónde me dirigía y al contestarle, me respondió que Él se dirigía al mismo "lugar" y se ofreció para que lo siguiera, utilizando palabras que me fueron familiares, pues me dijo: " *Ven, sígueme".*

Noté rápidamente en la conversación, que coincidíamos en muchas cosas y le expresé que yo estaba abierto y receptivo a nuevas Verdades. Estaba yo muy feliz, pues no había pasado por mi mente el que ambos íbamos hacia el mismo *"lugar"*. Estaba siendo acompañado por el Señalador del Camino.

Ambos acordamos que este viaje sería en una sola dirección, el camino superior. Cuando escogemos *"el camino superior"*, nuestras almas reciben abundancia de bien. El camino superior es alcanzar el grado más alto en comprensión espiritual, que es **la revelación de la Verdad a nuestra conciencia.** Es por donde debemos viajar si deseamos hacer contacto con nuestro espíritu. Cuando estamos en conciencia Crística siempre caminamos por el camino superior. Sólo podemos estar en contacto con nuestra espiritualidad en el camino superior.

La vida no camina hacia atrás, sino hacia adelante. La vida es dinámica, es un fluir constante en el universo de Dios, es movimiento, no es estática. Todo es movimiento. Cuando estás en el camino superior, fluyes a favor de la vida, nunca en contra. En el camino superior no pierdes el tiempo pensando diferente, pensando limitadamente. Es un camino a lo Absoluto, a lo ilimitado, sabiendo que Dios es el Bien Absoluto.

Jesús y yo nos sentíamos alegres y gozosos por habernos encontrado en esta parte del trayecto, aunque ambos sabíamos que lo habíamos comenzado hacía mucho tiempo.

Cuando emprendes el camino, el trayecto, el sendero, **de la mano de Jesús,** lo primero que sabes es que no eres únicamente de este mundo. Comienzas a entender las palabras de Jesús: *"Yo no soy de este mundo, he venido al mundo y en conciencia me mantengo unido al Padre".* Pertenecemos en conciencia a una dimensión superior, la dimensión espiritual y aceptamos de todo corazón nuestra divinidad. El camino superior no es físico, no podemos realizar nuestra unidad físicamente. Somos uno con Dios y uno en Dios, espiritualmente. **Dios es espíritu**, no es un Dios físico. El mundo físico, externo, es limitado y cambiante. El mundo interno por el contrario, es ilimitado, no cambia, es perfecto y puro. Es por eso, que en la dimensión espiritual, podemos caminar **de la mano de Jesús**. Es una experiencia constante y eterna en el fluir de Dios. El anhelo de nuestra alma es mantenerse en *"el Camino, la Verdad y la Vida",* en conciencia Dios.

Había deseado tener una relación personal con Jesús, mantener una conversación sosegada, e ir por el camino, de Su mano. Oír su llamado *"Ven, sígueme"*, invitándome a pensar como Él piensa, a hacer lo que Él haría en mi lugar, a orar como Él ora. Siempre el deseo de mi corazón ha sido tener acceso a la conciencia Crística de Jesús; invocarla, a pesar de saber que ese mismo Cristo está en mí y en todos los seres humanos. Esa relación personal me convenció de que en ese estado de conciencia Crística que alcanzó Jesús, nunca hay duda de que Dios, el Padre, es la Fuente del Bien Absoluto y nosotros somos herederos de ese Bien.

El anhelo de toda alma es espiritualizarse. Mi alma se identificaba con su naturaleza espiritual y sabía que Jesús es el eslabón para llegar al Padre. Inmediatamente vinieron a mi mente Sus palabras: *"Nadie va al Padre si no es a través de mí"*. Nuestra alma siempre está abierta a recibir lo bueno, lo puro, lo sublime, lo bello, lo perfecto, pero tenemos que abrir su puerta hacia adentro, para nutrirnos del Espíritu que es Dios en nosotros. *Como maestro espiritual conocía el concepto y había tomado la decisión de abrir la puerta de mi alma hacia adentro, para recibir la abundancia de Bien que es Dios.*

Jesús me dijo:

—*"A los que me siguen de la mano, les digo que Yo estoy a la puerta y llamo, si alguno oye mi voz y abre la puerta de su alma, entraré a él"*.

Hay que permitir que el Espíritu se revele a nuestras vidas y recibirlo de todo corazón. No por el intelecto, no por el razonamiento, pues sabemos que las cosas espirituales se disciernen espiritualmente. *El Espíritu tiene su propio idioma.* Para oír la voz de Dios debemos aquietarnos, relajarnos, y en ese fluir en el silencio, en ese estado pasivo de la mente, se nos revelará todo. Todo, porque Dios es **TODO.**

Jesús notó que mi mente estaba reflexionando y me trajo al aquí y al ahora, diciéndome:

—"Yo estoy consciente que no me voy a detener en mi trayecto. Tan seguro estoy de mi misión que se lo hice saber a mi mamá a los doce años de edad. En la ocasión en que María, mi mamá, pensó que yo me había perdido en la ciudad de Jerusalén, necesité informarle que *"en las cosas de Mi Padre espiritual, me convenía estar"*. En ese día, en Jerusalén se celebraba la Fiesta de Pascua, conmemorando la liberación del pueblo judío de la esclavitud de Egipto, bajo el liderato de Moisés. Había mucha gente, pero no estaba perdido, estaba reunido compartiendo enseñanzas espirituales. Sabía mi misión y mi propósito. Desde ese momento anuncié mi compromiso con la Verdad. No había otro propósito en mi vida que hacer la voluntad del Padre. Hice claro que *"Yo y el Padre uno somos"* y *"el Padre en Mí y Yo en Él"*.

Yo quería saber cómo Su padre terrenal, José, había tomado la noticia de Su viaje espiritual y me confortó al decirme que más tarde o más temprano todos vamos a tener conciencia de nuestro viaje y que todo lo que Él estaba haciendo, nosotros también lo podíamos hacer.

Tenía mucha curiosidad por saber más sobre esa etapa de Su vida; antes, durante y después de su adolescencia. Se dio la oportunidad, pues mientras caminábamos nos encontramos con un grupo de niños entre las edades de seis a diez años que estaban sentados en el suelo, alrededor de una palomita que parecía estar gravemente enferma. Jesús se detuvo, alzó la vista al cielo y la tocó. Inmediatamente la palomita se levantó y se fue volando hasta desaparecer de nuestra vista. De inmediato comprendí que Él estaba respondiendo a mi curiosidad de las muchas cosas que Él hacía durante su adolescencia.

Más tarde pasamos por el taller de ebanistería de su papá, donde ambos se desempeñaban como carpinteros. José nos recibió y me enseñó las diferentes piezas que recientemente habían elaborado en el taller. Fue un momento muy especial. Pude ver a los artesanos realizando diferentes labores.

Luego, Jesús me contó:

—"Mi papá José, es muy conocido en la región. Lo conocen como José el carpintero, pues en ésta época no se usan apellidos. El es viudo y mucho mayor que María, mi mamá. Cuando ellos se conocieron, mi mamá era una doncella en el templo. Sus padres, Joaquín y Ana, provenían de la realeza. Mi mamá María, es hija única. Joaquín, mi abuelo, tenía linaje de reyes y se puede trazar su linaje hasta el rey David. Éste era el más admirado de los monarcas. Es por eso que nosotros pertenecemos a la casa de David y fue por eso que mi papá necesitó ir a Belén a inscribirse, antes de mi nacimiento. Él no quería dejar sola a mi mamá en Nazaret y la llevó con Él en ese viaje".

Continúa diciéndome Jesús:

—"Te cuento esto porque muchos han creído y han asumido todo lo contrario. Erróneamente han asociado a mi familia y a mí, con pobreza y escasez, cuando siempre hemos demostrado una conciencia de abundancia y prosperidad. Nunca nos faltó nada. El Padre ha sido nuestra Fuente ilimitada de Bien. Todavía hay personas que no entienden que el mesón donde mis padres se iban a hospedar en Belén, estaba todo ocupado, no había lugar. Tampoco entienden que debía de cumplirse la profecía del lugar donde yo iba a nacer.

Los padres de mi mamá, Ana y Joaquín, la llevaron al templo a los tres años de edad, donde permaneció hasta los doce años. Mi mamá era muy intuitiva y por lo tanto, receptiva a la inspiración del Espíritu Santo. Dedicaba tiempo a la quietud y la meditación. *"Guardaba todas las cosas meditándolas en su corazón"*.

Al cumplir doce años, los sacerdotes del templo determinaron que María había llegado a la adolescencia y era prudente enviarla a la casa de un hombre justo y confiarle a mi mamá hasta el momento de su matrimonio. Ellos convocaron a doce ancianos del templo, quienes meditaron y oraron. La suerte recayó en el piadoso José, llamado el Justo. Los sacerdotes le dijeron a María: *"Vete con José y vive en su casa hasta el momento de tu matrimonio"*. En la casa de José, mi madre se encontró con Santiago, el hijo menor de él, quien estaba desolado por la muerte de su mamá, la primera esposa de José. Mi mamá María, a su corta edad, lo educó y fue por eso llamada María, madre de Santiago.

José era original de Belén, ciudad de Judá y del rey David. Era sacerdote en el templo, instruido y sabio en la doctrina de la ley. Se desempeñaba en el oficio de ebanista o carpintero. Estuvo casado y tenía cuatro hijos y dos hijas. Los nombres de sus hijos varones: Judas, Justo, Santiago y Simón. Sus dos hijas se llamaban Asia y Lidia.

Mi mamá y mis hermanos por parte de padre, vivieron en la casa de José hasta que ella cumplió catorce años. A esa edad de María llegué Yo, Jesús, a habitar en ella por mi propia voluntad y con el beneplácito del Padre y el impulso del Espíritu Santo. Me encarné en ella por un misterio que sobrepasa la comprensión humana. Cuando pasaron tres meses del embarazo de mi madre María, José regresó del lugar donde estaba trabajando y la encontró embarazada. Ese día mi padre terrenal, José, estuvo turbado en su espíritu, triste y angustiado, hasta que se le apareció el ángel Gabriel. En un sueño le dijo: *"José, hijo de David, no temas recibir a María, tu esposa, porque está en cinta por obra del Espíritu Santo. Dará a luz un niño al que le pondrás por nombre Jesús"*. Al despertar de su sueño, obedeció lo que el ángel Gabriel le había ordenado y María permaneció con él. Mi nombre me lo puso el ángel.

Mí nacimiento virginal es considerado como un acontecimiento milagroso. Es importante decirte que la ley espiritual trasciende la ley humana o material. Entendiendo esta Verdad, se despeja toda duda al respecto. *"Las cosas que son imposibles para el hombre, son posibles para Dios"*.

Es muy interesante conocer los diferentes significados espirituales que rodearon mi nacimiento. Comienzo por decirte que:

El mesón simboliza lo humano, el mundo y sus intereses, donde no hay cabida para las cosas espirituales. Por lo tanto no hay cabida para que la idea divina aparezca.

La gruta o cueva que servía como pesebre, simboliza la humildad y quietud.

Los sabios de Oriente (los tres reyes) representan la sabiduría del alma.

Los regalos que me trajeron, espiritualmente representan los recursos internos del Espíritu. **El oro** representa las riquezas del Espíritu, **el incienso** representa la belleza del Espíritu, y **la mirra** representa la eternidad del Espíritu.

La estrella simboliza la convicción interna de nuestra filiación divina. Es nuestro primer despertar para darnos cuenta de nuestra sabiduría y poder interno, **el Cristo. La estrella nos anuncia la venida de la luz.** Fue vista por los que estaban espiritualmente iluminados y despiertos.

Los pastores que estuvieron con nosotros, representan un grupo de personas que nos protegen. Al afirmar *"Jehová es mi pastor"* estamos reconociendo que Dios es nuestra fuente de ayuda, comprensión y protección.

Los animales representan las emociones, aquellas que son domesticadas. En la gruta (pesebre); la paz, la armonía, la quietud, el amor y el orden divino, era lo establecido.

Los ángeles son mensajeros de Dios. Cuando decimos, *"se me apareció un ángel"*, *lo que ha sucedido es que se ha proyectado a nuestra conciencia, una idea espiritual directamente de la Fuente, Dios.* Para mí fue muy significativo que el nombre me lo pusiera el ángel, diciéndole a mi mamá: *"Darás a luz un hijo, a quien pondrás por nombre Jesús"*.

Me contaron mis padres que después que se fueron los Sabios de Oriente, ellos recibieron instrucciones espirituales para buscar refugio temporalmente, por un año, en Egipto. Salomé, la comadrona, nos acompañó en el viaje. Luego, ella se convierte en la madre de dos de mis discípulos, Juan y Santiago. Como maestro espiritual, tú sabes bien que **Egipto** representa la mente de los sentidos que temporalmente alberga al Cristo. De Egipto, nos regresamos y nos establecimos en una ciudad de Galilea, llamada Nazaret.

De José, te diré que nunca adquirió ninguna enfermedad corporal hasta su transición, a los ciento once años.

Mis hermanos Justo y Simón, los hijos mayores de José, se casaron y se fueron a vivir con sus familias, así como las dos hijas Asia y Lidia, que se fueron a sus casas. Vivimos muy unidos y nos amamos mucho. Siempre la armonía, la paz, el orden y la fe reinaban en nuestro hogar.

En la casa nos quedamos viviendo juntos, Santiago llamado el Menor, José y mi mamá María y yo.

Siguiendo la costumbre judía me llevaron al templo y me hicieron la circuncisión a los ocho días de haber nacido. Como bien explicas en tu **libro de Adán a Jesús,** *la circuncisión significa cortar todo pensamiento negativo y aceptar lo que es divino.* Cortar con todo lo que nos esclaviza. En otras palabras, la circuncisión no es física, es en conciencia. *"La circuncisión es en el corazón, en espíritu y no según la letra".*

Mi mamá me hizo saber que ese día, en el templo se encontraba una profetiza de nombre Ana. Ella era muy mayor de edad y no se apartaba del templo, en donde servía día y noche en ayunos y oraciones. Alababa a Dios y hablaba de mí a todos los que esperaban la redención de Jerusalén. Al destacar a Ana (la profetiza), me hizo saber que había profetas de ambos sexos y que ella reconocía el lugar de la mujer en la vida del pueblo judío.

Este relato significó mucho para mí, ya que en mi ministerio la mujer ocupó un lugar prominente y tú muy bien lo has hecho saber en tus libros de Verdades Espirituales. Por eso haces el relato de la viuda frente al arca de la ofrenda, el levantamiento de muerte a vida del hijo de la viuda de Naín y de la hija de Jairo. Como bien relatas en tu libro, Yo le revelé mi identidad espiritual, **"Yo Soy el Cristo"**, a una mujer, "la samaritana". Le reconocí su gran fe a la mujer con el flujo de sangre. A las viudas las asociaban erróneamente con pobreza y mi percepción espiritual me demostró lo contrario. La viuda frente al arca de la ofrenda sabía que Dios es la Sustancia Omnipresente y la fuente de sustento. Ella, frente al arca de la ofrenda, demostró dar sin preocupación o agobio, pues conocía la ley. Dar lo que tenía le era sencillo, pues entendía que el dador de todo es Dios y toda dádiva viene de Dios. Dios es la Fuente inagotable de bien".

—Entonces, le digo a Jesús que me alegra escuchar cuando me habla de Su familia con tanto amor, admiración y entusiasmo. Muchos han estado confundidos acerca de la relación entre tu familia, tus hermanos y Tú. La confusión estriba en que desconocen Tus enseñanzas y las interpretan literalmente. El mejor ejemplo es tu respuesta en la sinagoga cuando te informaron que tus padres habían venido a buscarte. Dijiste: *"¿Quiénes son mi familia? Ustedes son mi familia. Mi familia es el que hace la voluntad del Padre. En las cosas de mi Padre me conviene estar".*

Los que hemos caminado de tu mano y te conocemos, sabemos el significado de tus palabras. Sabemos que en ese instante, le estabas anunciando a los que te acompañaban, a tu familia y a todos nosotros, que ese era el preciso momento en que iniciabas tu ministerio y el compromiso con el mismo.

Al decirnos *"Ustedes son mi familia",* nos estabas enseñando que todos tenemos el mismo Padre espiritual, somos hijos del mismo Padre. En lo humano es que tenemos otros padres: biológicos o de crianza—.

Entonces, Jesús me dijo:

—*"El que hace la voluntad del Padre es mi familia espiritual".* Así es que tenemos una familia espiritual y una familia terrenal. Por eso ustedes son mis hermanos y mi familia espiritual.

Desde muy temprano entendí que hacer la voluntad del Padre era **mi propósito. Mi misión** es enseñar y sanar toda enfermedad y dolencia".

La voluntad del Padre (Dios) es el bien absoluto. Debemos tener claro que al permitir que la voluntad de Dios se haga en nosotros, todo se convierte en bueno. *Nunca sabremos cual es la voluntad de Dios para nosotros, si la analizamos intelectualmente.* **Esto se debe a que Dios no nos habla con palabras**.. Cuando ponemos a Dios primero en todo, hacemos Su voluntad. Si Dios no está envuelto en nuestras decisiones, nos estamos tomando un gran e innecesario riesgo. Nos gusta pensar que sabemos lo que nos conviene y encontramos difícil dejar a Dios actuar en nuestras vidas. Si nos establecemos en conciencia del fluir de Dios, afirmando: *"Dios está a cargo y todo está bien"* y *"no sea como yo quiero, sino como Tú"*, viviremos una vida plena y abundante en Presencia Dios. Por eso Jesús enseñó que, *"no puede el Hijo hacer nada por sí mismo, sino lo que ve hacer al Padre"*. Es sencillo, si hacemos la voluntad de Dios, estamos siguiendo el plan divino que se nos ha preparado para nosotros. Dios ha preparado ese plan divino y es nuestro deber seguirlo. *Aquello que Dios nos inspira a hacer, está inspirado por Él mismo.* Si lo entendemos de esa manera, se nos hace más fácil hacer la voluntad de Dios.

No podemos continuar en el camino si no entendemos cabalmente qué es la **Voluntad**. Pues, la **voluntad** *es el poder ejecutivo de la mente,* es la facultad de la mente que toma decisiones, dirige y elige. Es nuestra capacidad de decir *"si o no"* a oportunidades y opciones.

Todos nosotros tenemos un poder inherente a la voluntad, que es **el libre albedrío.** *Este consiste en elegir entre el bien superior o el inferior.* Incluye además el poder de actuar en contra de todos nuestros motivos, inclinaciones o tendencias. Podemos usar la voluntad en el nivel humano o en el nivel divino. Cuando la usamos en el nivel humano o personal, puede traernos grandes consecuencias negativas. No debemos actuar hasta que no sepamos cómo hacerlo de la mejor manera posible.

—"Mi propósito es hacer la voluntad en el nivel divino, me dijo Jesús, afirmando: *"Mi comida es hacer la VOLUNTAD del que me envió y terminar Su trabajo".*

Para lograr la voluntad divina es necesario practicar la Presencia Dios y afirmar nuestra unidad con la Mente Dios. Nuestra unidad con la Mente Dios es nuestra herencia divina. Es nuestra voluntad, positiva o negativa, lo que atrae a nuestra mente, alma y corazón, y por consiguiente a nuestra vida, lo bueno, como lo no bueno. **La expresión más elevada de la voluntad, es la aceptación consciente de hacer la voluntad de Dios.**

Continuó diciéndome Jesús:

—"**A los que me siguen** durante todo el trayecto y hacen la voluntad de Dios, les prometo lo siguiente: *"El que hace la voluntad de mi Padre que está en los cielos, entra al reino"*.

Antes de comenzar mi ministerio, pasé muchos años trabajando en el taller de mi papá, José. Me encargué de supervisar, atender pedidos especiales y asignar trabajos de ebanistería, por dieciocho años. El trabajo en el taller de ebanistería lo asignaba por tareas a los empleados, ya que la mayor parte del tiempo, durante esos años, lo dediqué *a la meditación, la oración y el estudio*. Nadie puede crecer en *"estatura y sabiduría"*, si no aprovecha el tiempo. Estuve todos esos años en Nazaret, hasta que salí hacia el Jordán. Ese fue mi tiempo de preparación interior. Te lo dejo saber porque muchos me hacían en Egipto, Persia o India y están interesados en saber si yo estudié con algún maestro. Han querido saber si hubo algún precedente de lo que Yo vine a enseñar. Mi contestación es que **mi revelación y mi intuición no vienen de los hombres, ni**

tampoco lo aprendí de adulto en algún sitio lejano. Sabes que Yo he dejado bien claro que *"hay que volverse como un niño para poder apropiarse de las verdades espirituales".* **Nada me fue enseñado por el intelecto".**

—Al salir del taller de ebanistería divisamos un monte. Enseguida, Jesús me dijo: Ese monte que estamos viendo, se llama el monte Sinaí. Se le conoce también como el monte Horeb. El desierto de Sinaí y el monte donde se establecieron los israelitas, era un lugar de silencio. Con una altura de 2,285 metros, un sol quemante, rocas, arena, viento y soledad, únicamente allí anidaban las águilas. En ese lugar, el hombre vuelve a encontrarse desnudo entre las manos de Dios—.

—Jesús no dejó pasar la oportunidad para hablarme de **Moisés,** me lo presentó como el hombre más comprometido entre los patriarcas y los profetas, gran libertador y transformador. Al igual que Él, éste cultivó la práctica de la contemplación, meditación y el silencio—.

Esa actividad espiritual le reveló a Moisés la existencia de **un solo Dios.** Su misión como líder y maestro espiritual fue impregnar la conciencia del pueblo hebreo de la existencia de **un solo Dios.** No claudicó nunca al politeísmo (muchos dioses) e hizo del monoteísmo (un solo Dios) su prioridad.

—Jesús me cuenta, mientras subíamos al monte, la transformación de Moisés—.

—"Quiero que sepas que una nube cubría la montaña y Moisés penetró en ella. Dios tomó la forma de nube. Moisés permaneció en la nube cuarenta días y cuarenta noches. (El número cuarenta significa tiempo de cumplimiento en el plano espiritual). Al cabo de los cuarenta días, Moisés bajó de la montaña. Los hebreos notaron la energía que irradiaba de su rostro debido a su encuentro con la Presencia Dios. Tal grado de irradiación hizo que Moisés se valiera de un velo para cubrirse. Solamente se lo quitaba para hablar con Dios.

Jesús me explica que la experiencia Dios es individual. Tan es así, me dice, que Moisés mandaba a colocar cercos en la montaña para que nadie pudiera pasar. **En la Presencia Dios** es necesario la soledad y el silencio. Sabemos que en

la Presencia Dios, estamos, nos movemos y somos.

Me dejó saber que la grandeza humana de Moisés fue que Dios le hablaba cara a cara, como habla un hombre a un amigo y hermano".

—Le comenté a Jesús que Moisés muchas veces tenía batallas internas, tanto con Dios, como con los hombres, al igual que la experiencia que pasa nuestra alma, en el ir y venir de lo sagrado a lo humano, en este plano de vida. Nuestra alma sube a la montaña y desciende al valle. Es el ritmo perfecto del alma. *"Así en el cielo, como en la tierra".* Ella se apropia tanto de lo humano, como de lo divino. Mientras más nuestra alma esté lista y receptiva a recibir ideas divinas, más espirituales somos. Ir a Dios, subir a la montaña y subir al estado de conciencia más elevado, es lo mismo. **La montaña** significa, *los cielos de la mente* (lo más elevado de la mente) —.

Jesús quiso recordar al **profeta Elías,** quien subió al mismo monte que subió Moisés, el **monte Horeb** y me dice:

—"este monte tiene una gruta donde Elías se refugiaba y en **el silencio**, sale iluminado y transformado al oír la voz de Dios. Después de esto, dice Elías: *"Vive Dios, en cuya Presencia permanezco"*. Elías nos enseña cómo oír la voz de Dios, diciéndonos: *"No es en el trueno, no es en el viento, no es en el fuego, es en el silbo apacible y delicado del Espíritu, que se escucha la voz Dios. En el Silencio"*.

El Silencio es el estado de conciencia al cual entramos con el propósito de ponernos en contacto con la Mente Dios. Nuestra mente permanece en una actitud de escuchar y esperar la manifestación de Dios. La mente debe silenciarse para escuchar la voz de Dios.

Las referencias que Jesús estaba haciendo del monte y de Moisés, me hicieron reflexionar que **de Su mano,** me estaba llevando al corazón de Su enseñanza. Mi corazón me decía que **Jesús, el monte y Moisés** iban a estar conectados de alguna forma, durante este viaje. Decidí relajarme y soltar toda inquietud. Sabía que aquietando mis pensamientos y tal como Jesús me decía: *"apacienta tus ovejas "*, era verdaderamente la manera de disfrutar la experiencia del camino.

Entonces, Jesús me dijo:

—"En el tiempo que pasé reflexionando, meditando, orando y recibiendo guía divina, se me reveló, entre muchas cosas, el concepto de **"Unidad"**. En el fluir divino comprendí mi unidad espiritual, **"El Padre y Yo uno somos"**. Nuestra unidad con y en Dios es nuestra herencia divina. Debemos darle toda nuestra atención a Dios y poner a Dios primero en nuestras vidas y asuntos. De esta manera, establecemos una fusión dentro de nosotros mismos, con la vida creativa (la Mente Dios). Es necesario saber que somos uno en Dios y uno con Dios. Este paso del camino es importante para realizar que el reino de Dios está en nosotros".

El concepto de unidad nos demuestra que somos seres divinos y perfectos. Por lo tanto, la meta de todos no es alcanzar lo divino, sino que al reconocer que todos somos seres divinos, nos mantenemos en conciencia divina. Sabemos que el Espíritu de Verdad mora en cada uno de nosotros.

Como expresiones de Dios, nosotros somos Dios expresándose a Sí mismo, a través nosotros. Debemos dejar que Dios se exprese a Si mismo, a su manera, afirmando: *"Dejo a Dios ser Dios a través de mi"*.

Más aún, debemos mantener nuestra unidad espiritual con Dios y con toda la creación.

Jesús continúa diciéndome:

—"Recuerda que el camino al mundo interior no se había recorrido y todo se basaba en el mundo externo. Dios estaba afuera, inaccesible y con atributos humanos. Había una pared de separación entre las personas y Dios.

Al saber que había un vacío de separación en conciencia entre el hombre y Dios, me llevó a traer un mensaje nuevo y distinto en conciencia. Me fue revelado que el camino correcto es dirigirnos a lo más profundo de nuestro ser, **al lugar interno**, donde radica todo Poder, toda Sabiduría y la Presencia Dios. Es en ese espacio interno y sagrado, que vamos a permitir que la luz brille".

—Le digo a Jesús que considero es básico entender este concepto, tanto para orar (hablar a Dios), como para meditar (oír a Dios). A ese lugar interno se le ha llamado **lugar secreto, abrigo del altísimo**, pues es un lugar escondido donde ninguna persona puede entrar, sino nosotros mismos individualmente. Es donde obtenemos conocimiento personal y consciente del Padre en nosotros, que es el secreto o la llave de todo poder. Es el punto de unión mística entre nosotros y el Espíritu (Dios en nosotros). Es en ese lugar donde no solamente creemos, sino que sabemos que Dios es Presencia en nosotros. Aprendí que a la Presencia Dios, Tú le llamas el **"Padre"**—.

—"Cuando profundizas en mis enseñanzas, me dice Jesús, inmediatamente te das cuenta de que todo poder y toda sabiduría reside en lo interno, reside en nosotros. Todo lo que edifica se lleva a cabo desde el centro a la circunferencia. Todas las facultades espirituales se encuentran en nosotros y la transformación ocurre cuando avivamos esas facultades y las expresamos en lo externo y en todas nuestras acciones.

Los estudiantes de la Verdad deben tener dominio de todas las facultades espirituales, enfatizando en las doce básicas, que están representadas por mis doce discípulos. Ellas son: Fe, Fortaleza, Sabiduría o Discernimiento, Amor, Poder, Imaginación, Comprensión, Voluntad, Orden, Entusiasmo, Renunciación y Vida".

Ya nos encontramos frente al lago de Genesaret, conocido también como lago de Tiberias o Tiberíades y mar de Galilea, donde se encontraban las barcas de los primeros discípulos de Jesús. Allí fue donde Pedro aceptó la invitación de Jesús a entrar a la **barca** y *"bogar mar adentro"*. Esa fue la oportunidad y la enseñanza fundamental para **Pedro**, quien representa la facultad espiritual de la **Fe**. Pedro entendió que tenía que ir a lo profundo, a lo interno, **al espacio sagrado**, donde radica todo poder, para entonces manifestar su fe. Soltó su posesión material, la empresa pesquera, para ser el primero que recibe el título espiritual de **pescador de hombres**.

Ayer finalizamos el día mencionando en nuestra conversación el espacio sagrado, donde radica todo poder y hoy la conversación nos llevó **al concepto del camino**.

Definimos un camino como el trayecto entre dos puntos. También como **un espacio, un paso** entre dos estados de conciencia. Ese espacio en el camino fue ocupado por **la nueva conciencia** en Jesús, **el Cristo**.

Jesús, pensativo, me dice:

—*"Yo Soy el camino por el cual todos los que me aceptan pueden pasar, superarse y lograr **la nueva conciencia** que libera.*

Hay solamente un camino hacia la realización espiritual y hacia la realización de la Presencia Dios dentro de nosotros. Es ser uno con y en Dios. **Ese camino se logra siguiendo mis enseñanzas.**

! Confía, Yo he vencido al mundo! La revelación de **la nueva conciencia**, **el Cristo Morador** en Mí y en todos, es la que libera, la que nos hace libres. La nueva conciencia estaba latente, era un secreto no liberado, no se le había revelado a nadie. Era entonces, el secreto que ansiaba la humanidad, **el Cristo.**

La nueva conciencia está en todas las personas desde los siglos de los siglos, nos libera de ser esclavos de creencias mortales, como la maldad, el error o pecado, tentaciones, la enfermedad, la escasez, el orgullo, la envidia, el juzgar, la negatividad, etc.

A través de la nueva conciencia, el Cristo en ti, puedes transformarte y hacer la demostración. Las mismas cosas que yo hago, las puedes hacer y mayores aún.

De mi mano, siguiendo mi ejemplo y enseñanzas, vas a apropiarte de mis ideas y de mis conceptos espirituales y universales. Vas a hacer las cosas que yo hago, vas a hablar mi palabra y vas a ser mi discípulo, expresando la nueva conciencia y la Verdad.

Yo Soy el camino, Yo Soy ese **espacio**, Yo Soy ese **paso** que tienes que atravesar en el sendero que estamos transitando, en este plano de vida de conciencia mortal, hacia el plano espiritual. Es necesario caminar por un paso, por un espacio vital, para conocer, aprender y apropiarte de **la nueva conciencia** que nos libera. Una vez que has ascendido de mi mano por el camino y logrado alcanzar la nueva conciencia, estás a una distancia más cerca de tu Casa. Esa nueva conciencia es la puerta hacia el Reino de Dios. En mis enseñanzas; *barca, casa, odres, tinajas, significan conciencia".*

Después de oír la explicación del camino, mi reflexión para los estudiantes de la Verdad es que no importa cuán cargado esté el trayecto, cuán plagado de obstrucciones, retos y sacrificios; la Verdad nos hace libres, *de la mano de Jesús.*

Jesús es la guía segura que por siempre ha estado en **percepción espiritual**, que es la facultad de ver la realidad espiritual, a pesar de las apariencias que puedan sugerir lo contrario. Jesucristo siempre todo lo vio con visión espiritual, nunca viendo las apariencias de las cosas.

 "Oremos siempre en el nombre y por el poder de Jesucristo".

Cuando oramos en el nombre y por el poder de Jesucristo, reconocemos Su presencia y Su poder en nuestro trabajo espiritual. De esta manera efectuamos una reunión con Su super mente y nuestra comprensión espiritual es aumentada miles de veces.

Al orar en Su nombre reconocemos **la ley de afinidad de pensamiento.** *Jesús afirmó unidad espiritual para todos los que lo proclaman como Su guía espiritual.*

La conciencia de Jesús está a la disposición de todos los que le siguen de la mano y la invocan. La unidad espiritual y personal que establecemos con Jesús, nos levanta e impregna con Su conciencia.

Al invocar Su conciencia siempre, sabemos que Dios es nuestra Fuente de Bien y somos herederos de ese Bien.

Los que creen **en Su nombre,** señales de bien les acompañarán, sanarán enfermos y tendrán poder de palabra sanadora.

La fe en Jesús, el Señalador del Camino, **permite que proclamemos esa fe en Su nombre.** Cuando pronunciamos **Su nombre** hacemos contacto con la mente de Jesús y tenemos la confianza y certeza de que **Él está presente, como dinámica fuerza dadora de vida.**

La fe y la palabra hablada de nosotros, se funden en unidad con el poder de Cristo y la obra se realiza maravillosamente.

A través de Jesús somos acelerados e infundidos con vida. *"En Él era la vida y la vida era la luz".*

*Somos acelerados e infundidos con vida porque Jesús sabía que **el sanador y la luz de vida sanadora** están en nosotros.* Es parte de nuestra naturaleza divina. El sanador nunca ha estado fuera de nosotros.

Oramos **en Su nombre** porque conocemos a Jesús y sus enseñanzas. Hemos estudiado Su vida y la disciplina que dio a Su mente. De su mano hemos caminado. Lo aceptamos como nuestro salvador y guía espiritual, que nos señala el Camino, la Verdad y la Vida.

Al estar conscientes de la importancia de orar en Su nombre, lo podemos hacer audible o silenciosamente. Hemos dejado que el Cristo se exprese en nosotros. Todas Sus ideas las pondremos en nuestra mente y formarán en nuestro ser, un nuevo hombre: **el hombre de Dios.**

Una oración en el nombre y por el poder de Jesucristo que podemos hacer todos los días para bendecir nuestro hogar, es la siguiente:

Jesucristo es la cabeza de este hogar. Él es la única presencia y el único poder aquí. Él vive eternamente en el corazón de cada miembro de esta familia y bendice a todo el que entra por sus puertas.

La presencia de Jesucristo que mora en este hogar y en el corazón de cada uno de los que viven aquí, nos protege contra enfermedades, accidentes, desarmonías, o escasez. Su presencia, que llena este hogar, es la verdadera presencia de vida, gozo, seguridad, amor y prosperidad. Este hogar es un alberge de paz y felicidad.

Ningún pensamiento o palabra negativa puede turbar el ambiente de este hogar. Ninguna actuación errónea puede efectuarse. Solo el gozo, la bondad, la cooperación y el servicio, reinan aquí. Esta es la morada del bien.

Cada día este hogar es santificado por la viva presencia de Jesucristo. Cada día lo alabo a Él por Su amorosa, protectora y auxiliadora presencia.

SEGUNDA PARTE:
YO SOY LA VERDAD:

"Si conoces la Verdad, la Verdad te hace libre".

Continuamos por el camino y me comenta Jesús:

—*"Como maestro espiritual vine a enseñar la Verdad y el que viene conmigo, está haciendo suyas mis palabras, va a conocer la Verdad y será libre".*

Esta afirmación la hice para que los que siguen **de mi mano** no se suelten y conozcan la Verdad. Antes, los fariseos y los saduceos eran los que se encargaban de enseñar. Ellos interpretaban las escrituras literalmente, pero no espiritualmente. Simulaban practicar la ley divina, pero no lo lograban. Es por eso que Yo enseño que no actuemos como los fariseos. Evitemos las vanas repeticiones al orar. No enfaticemos en las cosas externas de la religión, pues se pierde el significado interno".

—Estoy de acuerdo, le digo a Jesús. Sé que nadie quiere sentir que ha dependido de algo falso y poco confiable, como son las cosas externas de algunas religiones. Hay que despojarse de las piedras comunes para alcanzar las piedras preciosas, al despertar a la Verdad—.

Al conocer la Verdad, las personas se mantendrán amorosas, sabias, equilibradas y con mucho aplomo. El que se pierde la oportunidad de estudiar, aprender y vivir la Verdad, debemos bendecirlo, entregarlo a Dios y dejar que Él se encargue. Esa persona, al igual que nosotros, tiene un alma Crística interna para corregirle y encausarle hacia la Verdad. Llegará el día en que todas las dudas y todos los estados adversos de su mente, darán paso a la luz de la Verdad. *"A los que me siguen, dice Jesús, les garantizo que van a crecer a pasos agigantados"*.

Entendí lo que Jesús me quiso decir con las palabras: ***"Conoce la Verdad y la Verdad te hace libre"***. Él me quiso decir que el anhelo de nuestra alma es conocer la Verdad. Ese deseo sincero necesita ser satisfecho durante esta experiencia de vida. Nuestra alma sabe que conocer la Verdad nos encamina hacia nuestro mayor bien. Es la libertad para convertirnos en lo que debemos ser y no en lo que queremos hacer. La Verdad nos hace libres para encontrar y manifestar nuestro potencial divino, estableciendo como prioridad la voluntad de Dios, sabiendo que la voluntad divina es el bien de Dios para nosotros. Cuando nuestra alma se niega a conocer la Verdad, se convierte en un alma separada de Dios y vive en escasez, desarmonía, prejuicio, error y sufrimiento. Cuando se levanta y decide ir al Padre, a la Verdad, regresa a vivir en conciencia de vida eterna. Se hace una con Dios.

Continuó Jesús:

—"Si te haces consciente del sendero y lo sigues de mi mano, entras al mundo del espíritu. Si en conciencia te haces uno con Dios y uno en Dios, entonces te conviertes en el canal para expresar las facultades, poderes y dones, que jamás has pensado. Una afirmación poderosa que recomiendo es: *"Soy uno con Dios, Él es uno en mi"*.

Ahora que entramos a esta etapa del camino, debemos entender el significado espiritual del *"YO SOY"*.

Yo Soy es el nombre de Dios. Yo Soy es el nombre de la naturaleza de Dios en nosotros. Yo Soy es nuestra verdadera identidad, es el nombre de la naturaleza divina en nosotros. Recuerden cómo le respondió Dios a Moisés cuando éste le preguntó: ¿Quién les digo que me envió? *Y Dios le contestó, diles: "Yo Soy me envió".*

"Yo Soy el que Soy". El Yo Soy es eterno. "Yo Soy, siempre Fui y siempre Seré". El **Yo Soy** es el Cristo de

nuestro Ser. Cuando manifestamos el Yo Soy en todo lo que pensamos, hablamos y hacemos, nos mantenemos en el Reino.

Cada vez que mencionamos **Yo Soy,** estamos mencionando a Dios y es vital y necesario que lo mencionemos afirmativamente y positivamente. En cada ocasión que mencionamos la palabra **Yo Soy,** se aviva nuestro poder y lo que expresamos, se concretiza.

"Yo quiero ser, lo que Dios quiere que yo sea".

Cuando usamos el **Yo Soy** negativamente, estamos mencionando el nombre de Dios en vano. Algunos ejemplos: Yo no soy perfecto, Yo soy viejo, Yo siempre estoy enfermo, etc.

—"Yo Soy la Verdad, porque Soy el supremo revelador y señalador de la Verdad, a toda la humanidad"—.

Cuando nos apropiamos en conciencia que somos seres espirituales, únicos, divinos, perfectos, creados a la Idea de un Creador que crea perfecto, se nos revela la Verdad en nosotros.

Yo Soy la Verdad es una declaración de unidad que hacemos, identificándonos con Dios. En otras palabras, si Dios es Verdad, Yo Soy Verdad. Yo Soy uno con Dios y en Dios.

Yo Soy paz, amor, sabiduría, poder, comprensión, voluntad, fortaleza, fe, vida. Yo Soy espiritual, competente, agradecido, armonioso, inteligente, líder de mis pensamientos.

Cuando estamos en conciencia espiritual vamos a adquirir una conciencia de lo que se ve y una apertura a lo que no se ve. Lo invisible se te hará visible sin ningún esfuerzo.

Continúa hablándome Jesús:

—"Hay muchas personas que **no saben** qué **es la Verdad**. No se han dado la oportunidad de estudiar mis enseñanzas en profundidad. Acuden a religiones porque tienen la creencia de que Dios, en cierto modo, es inaccesible y piensan que a través de una organización, orando de cierta forma o asistiendo a cierta iglesia, pueden llegar a conocer a Dios. A esas personas Yo les digo, *"sabrás quien eres cuando conozcas a Dios y mientras no descubras quien eres, serás otra* *persona".* Con estas palabras te quiero decir que para conocer a Dios, lo único que todos tienen que hacer, es aceptar la perfección y la divinidad en ellos".

—Le comenté a Jesús que en mis clases de Verdades Espirituales he tenido estudiantes que han buscado y buscado, yendo a diferentes iglesias y es que realmente lo que buscan es a Dios. Me dejan saber que hay una necesidad en ellos de buscar a Dios y mi explicación es que lo creado, busca a Su Creador. Les explico que fueron ideados por Dios antes de haber sido concebidos por sus padres biológicos. **"Me escogiste antes de la fundación del mundo"**—.

Cada uno de nosotros somos un hijo e hija de Dios. Fuimos creados a la idea, a la imagen de Dios mismo. **La imagen** es la idea que tiene Dios de lo que va a crear. **La semejanza** es lo que nosotros expresamos de Dios en lo externo. Un Creador perfecto, crea perfecto. Es imposible concebir un Creador perfecto, creando imperfección. Así es que no deben seguir pensando erróneamente de nuestro Creador y acepten su perfección y su divinidad. Somos seres espirituales por herencia divina. *"Yo te escogí desde antes de ser concebido",* antes de que el óvulo y el espermatozoide se encontrasen. ¡Fíjense qué maravilla!

Cuando entendemos que el Creador nos creó a Su idea y nos dio todos los atributos que están en Él para que manifestemos Su semejanza, hemos avanzado en comprensión espiritual, porque es entonces que se nos ha revelado la Verdad.

A mis palabras, le añade Jesús;

—"Yo eliminé la pared de separación entre Dios y el hombre. El pensamiento colectivo o la conciencia de la raza humana, era de inferioridad divina e imperfección. Se me reveló la divinidad del hombre y se lo enseñé a todos, diciéndoles: *"Sed perfecto como vuestro Padre lo es". Acepten vuestra perfección y herencia divina, pues las cosas que Yo hago, ustedes las pueden hacer y aún mayores".*

Mi gran deseo es que descubran ustedes que son seres divinos y perfectos, hijos e hijas de un Padre amoroso y bueno. Por lo tanto, vuestra naturaleza es divina y espiritual. Ustedes son seres espirituales, viviendo una experiencia terrenal.

Tienen la libertad para encaminarse hacia su mayor bien. Están libres para convertirse en los seres ilimitados que son y libres para hacer cosas ilimitadas".

Verdaderamente sabemos quiénes somos cuando conocemos a Dios y manifestamos y expresamos en nuestra vida, lo que Dios es. **Si Dios es amor**, nosotros Su semejanza, somos amor, **si Dios es paz**, nosotros somos paz, **si Dios es Vida**, nosotros somos Vida, **si Dios es belleza,** nosotros somos bellos/as, **si Dios es orden**, nosotros somos armonía y orden y así sucesivamente, hasta entender que Dios es Espíritu y nosotros, Su imagen, somos espíritu también. **En la creación, con el soplo o aliento de vida, vinimos a ser un alma viviente.** Somos íntegros; espíritu, alma y cuerpo. Se nos dio un alma y un cuerpo para expresar los atributos de Dios. Dios no tiene manos, pues nosotros somos las manos de Dios, no tiene pies, pues nosotros somos los pies de Dios, así sucesivamente.

No nos olvidemos que Dios, Mente infinita en expresión, se encuentra siempre al alcance de nosotros, no hay que ir de rodillas a Dios. Como es nuestro Ser Superior y constante servidor, ama servirnos y atender siempre los detalles de nuestras vidas. Háblale y escúchalo en el silencio. Es importante que sepamos y mantengamos en nuestro corazón, lo siguiente: **"Por medio del poder de la**

Mente Divina, podemos obtener todo lo que deseemos y necesitemos.". Todo es todo, porque Dios es TODO.

Es necesario que realicen una Verdad: debemos saber y entender la manera de imaginar a Dios. **No debemos imaginar a Dios como humano.** Si lo imaginamos como humano, estamos alterando el concepto de, *"imagen de Dios"*.

El pintor italiano Miguel Ángel confundió a la gente al pintar a Dios en la Capilla Sixtina, como un hombre viejo y con barbas. Aunque, antes de Miguel Ángel, la conciencia Adánica del Antiguo Testamento influenció mucho a pensar erróneamente. Nos presentó un Dios castigador que intervenía en guerras y que arrasaba pueblos y ciudades.

Dependiendo de la forma y manera que se comportara la gente, ese Dios del Antiguo Testamento, los premiaba o los castigaba. La imagen que hacemos de Dios en lo humano nos motiva a pedirle cosas en lo humano: un automóvil, dinero, casas, una esposa/o, e inclusive algunas personas utilizan a Dios para infundirle miedo a otros, diciéndoles que Dios los castiga.

El principio que es Dios no funciona de esa manera. **Dios es el bien Absoluto,** no castiga, ni juzga, es un Dios de amor. Recuerden que Dios no es un Dios para pedirle *"cosas"*.

Dios conoce los anhelos de nuestros corazones. Si necesitamos sanación en nuestra vida, nos mantenemos en un fluir de vida sanadora. En Dios vivimos, nos movemos y tenemos nuestro ser. Mantenemos en nuestra mente y corazón, pensamientos de salud perfecta y completa.

Si deseamos o necesitamos dinero, afirmamos que somos hijos de Dios, herederos de todo Su bien y que estamos listas y listos a recibir de la Fuente de abundancia que es Dios en nosotros. Si estamos en desarmonía, desorden, intranquilidad, tensión; afirmamos que Dios es Paz, Orden y Armonía Perfecta y que nosotros somos paz, armonía y orden. Si deseamos guía, no tenemos que pedirle a Dios guía, pues Dios es la guía divina y lo que debemos hacer es fluir en la guía que Dios es en nosotros. Una vez que aprendemos cómo dirigir nuestros deseos y necesidades a la Fuente de Bien Absoluto, vamos a prosperar en todos los aspectos de nuestra vida.

Revelación significa algo que se desconocía y que se ha hecho conocer. El que nos revela el conocimiento, es conocimiento. El que nos revela amor, es amor. El que nos revela Verdad, es Verdad.

La espiritualidad puede ser cultivada. Los principios y conceptos espirituales que mentalmente percibimos como Verdades acerca de Dios, son inquebrantables. Las apariencias de las cosas, ni el error, pueden echar abajo esos principios.

En Verdades Espirituales, nosotros llamamos a la mente supraconsciente, **la región espiritual de la conciencia**. **La conciencia está compuesta** de tres partes: la mente supraconsciente, la consciente y la subconsciente. **La naturaleza humana** está compuesta de tres partes: Espíritu, Alma y Cuerpo. La parte espiritual de la naturaleza humana comienza a activarse y a avivarse, al estudiar las Verdades Espirituales.

Dios es Padre, Hijo y Espíritu Santo. Esto se conoce como **la naturaleza del SER o la trinidad de Dios**. Podemos explicarlo así: El Padre es la Mente, El Hijo es la Idea y el Espíritu Santo es la Expresión, (tres etapas de la manifestación).

Dice Jesús:

—"Deseo añadir que la Trinidad no son tres dioses separados, sino un Dios en tres fases de expresión. *Como Creador,* **Dios es Padre**; *como el Ser divino en la humanidad,* **Dios es Hijo**; *y como* *poder espiritual en actividad,* **Dios es Espíritu Santo"**. Simplemente son tres aspectos de nuestro único Dios".

Nosotros somos Espíritu, Alma y Cuerpo, esa es nuestra naturaleza humana. Nuestra mente tiene tres fases y se conocen como la actividad triple de nuestra mente: el supraconsciente, el consciente y el subconsciente. **Nuestra mente no está separada de la Mente Dios. Las tres partes de la Mente Dios, las edificamos dentro de nuestro consciente.** Así, nosotros somos también: *mente, idea y expresión.* Es por eso que nuestra mente produce una idea y esa idea la manifestamos o expresamos. Al expresar la idea, **lo que hacemos es crear.** Este es el fundamento del proceso creativo de Dios y de nosotros.

Lo creado es idea del creador. En la creación del hombre, Dios Creador tiene una idea del hombre y esa idea la expresa como hombre creado, a la idea o imagen de Dios. De esa misma manera, un carpintero tiene en su mente una idea de una mesa y la construcción de la mesa es su expresión. Todo el tiempo estamos creando con nuestras ideas. Un grupo de ideas constituyen un pensamiento. Esto se conoce como el proceso creativo (mente, idea y expresión).

Nosotros somos perfectamente creados. Si nosotros fuéramos solamente cuerpos, estaríamos expresando una tercera parte de nosotros. Si al cuerpo le añadimos el alma, estaríamos expresando dos terceras partes de nosotros. Ahora, al añadirle el Espíritu, expresamos la perfecta naturaleza humana que Dios creó.

Lo que debemos discernir acerca de esta relación de espíritu, alma y cuerpo es que todo lo que somos para expresar nuestra naturaleza humana, tiene la identidad de Dios. No utilizamos lo que somos con la idea de que nos pertenece, pues eso es **la personalidad**, o sea, *la manera de pensar en lo humano*, lo externo en nosotros. La manera de utilizar la idea de lo que somos fue creada por Dios. Nuestro Espíritu es el Espíritu de Dios, nuestra alma es el alma de Dios y nuestro cuerpo es el cuerpo de Dios, y al reconocerlo, nos ajustamos a las expresiones invisibles de la Mente Dios. De esta manera, nuestra mente se vuelve armoniosa, nuestra vida vigorosa y perfecta y nuestro cuerpo saludable.

Al armonizar nuestra Trinidad: Espíritu, Alma y Cuerpo, con la Trinidad de Dios: Padre, Hijo y Espíritu Santo, seguimos al Señalador del Camino en unidad y perfección.

La personalidad, que es la manera de pensar y actuar en lo humano, lo externo en nosotros. **La individualidad** es lo contrario, siendo ésta la manera de pensar espiritualmente, lo interno en nosotros. La diferencia o el significado de estos dos conceptos, nos llevan a comprender lo que creemos que somos y lo que verdaderamente somos.

—Antes de proseguir, le digo a Jesús: yo pienso que es muy importante conocer el significado de conciencia y su aplicación en las enseñanzas de Verdades Espirituales. La profundidad del término no se puede manejar superficialmente—.

En las clases de Verdades Espirituales yo enseño a limpiar la conciencia de creencias falsas, para traer comprensión espiritual a la luz de la Verdad.

Comprensión espiritual es la revelación de la Verdad a nuestra conciencia.

Conciencia *es el compuesto de ideas, pensamientos, emociones, sensaciones y conocimiento, que componen la fase consciente, supraconsciente y subconsciente de la mente.*

Dios es mente y nosotros también somos mente. Dios es espíritu y nosotros también somos espíritu, Dios es amor y nosotros somos amor. **No tenemos conciencia, somos conciencia**. Erróneamente decimos que tenemos conciencia, lo cual no es verdad, porque lo que se tiene, se puede perder y lo que somos, no se puede perder.

Conocer nuestra conciencia implica conocer las tres fases de la mente que la componen: la supraconsciencia, la conciencia y la subconsciencia. Implica conocer lo que son las ideas, los pensamientos, las emociones, las sensaciones y el conocimiento. Más aún, implica saber que la conciencia incluye el espíritu, alma y cuerpo, siendo el cuerpo, la expresión externa de nuestra conciencia. Dios como Creador, crea la idea divina del cuerpo y el hombre la manifiesta con su pensamiento. Es por eso que decimos que nuestro cuerpo es el resultado de nuestro pensamiento. *La idea divina del cuerpo vino de Dios.*

Cualquier cosa que reconozca, apoye y verifique ideas divinas, es llamada **Verdad** y cualquier cosa que niegue o contradiga las ideas divinas, es llamada error. Es necesario conocer **las ideas divinas** básicas porque son los patrones espirituales que constituyen lo que llamamos el Bien.

Las ideas divinas básicas son: la fe, fortaleza, sabiduría, amor, poder, imaginación, comprensión, voluntad, orden, entusiasmo, renunciación y vida. Existen muchísimas más, como la belleza, la paz, armonía. Las ideas divinas vienen de Dios. Esos patrones espirituales están **en todos** nosotros. Se encuentran en el reino de la mente subconsciente en nosotros y al principio, **trabajan en lo personal.** Luego, cuando estas ideas comienzan a expandirse y a avivarse, se levantan en nosotros, **trabajando en lo espiritual.** Todas las ideas divinas se complementan e interactúan armoniosamente, dirigidas por la mente supraconsciente (mente Crística).

Nuestra mente supraconsciente (la mente espiritual), es la que lleva a cabo el despertamiento y regeneración, glorificando lo divino en la mente subconsciente.

Es en la **mente subconsciente** donde hacemos el trabajo de transformación. **En las Verdades Espirituales le llamamos a la mente subconsciente, el corazón y el alma del hombre. Así también le llama Jesús.** Es ahí donde las ideas divinas en actividad, nos despiertan espiritualmente, y conscientemente vamos a expresarlas en nuestras vidas y asuntos. En otras palabras, nuestro subconsciente, durante nuestra transformación, acepta y se apropia de ideas divinas de la supraconsciencia, la mente espiritual. De la misma forma que el subconsciente acepta lo bueno que viene de la supraconsciencia, a través de la mente consciente, asimismo acepta lo no tan bueno que viene de la mente consciente. Cuando aceptamos lo no tan bueno, lo erróneo, los pensamientos negativos, lo destructivo; tenemos que hacer mucho trabajo de transformación en nuestro corazón, nuestra alma o nuestro subconsciente. Tenemos que eliminar, tachar, disolver: errores, ideas, pensamientos y sentimientos, no buenos; todo lo no compatible con el Bien y que hemos aceptado y han entrado a nuestra alma, a nuestro corazón, al subconsciente (no consciente).

El subconsciente trabaja día y noche, no descansa. No tiene criterio. Recibe órdenes y las lleva a cabo automáticamente, no discierne. Trabaja bajo viejas órdenes y continuará así, hasta que le demos nuevas órdenes. Cuando hacemos **afirmaciones**, que son declaraciones positivas de la Verdad, las acepta y la transformación se realiza. Es el almacén de los recuerdos, de toda experiencia, éxitos, fracasos y emociones.

Me dice Jesús:

—"Luego de escuchar tan claramente tu explicación de todos estos conceptos, quiero añadirte que **de mi mano yo los llevo a** avivar las ideas divinas a la acción, y la ley universal empieza su gran obra en todos. Yo no hago la ley, **la Ley es**. La ley fue establecida antes de formarse el mundo. Los que se preguntan, **qué es la ley,** puedo decirles que es la realidad de un poder invisible.

Esto que les estoy enseñando deja bien claro que Yo no hice **la ley de salud** para sanar enfermos. Sencillamente yo la llamo a expresión. Yo no hice **la ley de vida** para levantar y acelerar de muerte a vida al hijo de la viuda de Naín, a la hija de Jairo y a Lázaro. Yo la llamé a expresión. De esta manera fue que logré que los que pasaron por alto la existencia **de la ley**, la reconocieran.

Las leyes de la mente son exactas y constantes. La ley de la cual Yo hablo es una facultad de la mente que encierra todo pensamiento y actúa de acuerdo con la Verdad de Dios, no importa las circunstancias o el ambiente.

Algunas de las leyes son: *la ley de atracción, la ley de conservación, la ley de justicia, la ley de purificación del pensamiento, la ley de rectitud, la ley de expansión infinita, la ley de dar y recibir, la ley divina, la ley escrita en nuestra mente, la ley evolutiva, la ley genérica, la ley mortal, la ley natural, la ley de equilibrio Universal, la ley de conservación, la ley de polaridad, la ley todo proveedora, la ley de transgresión de la ley y otras.*

Te estoy enseñando todos estos conceptos porque reconozco el gran potencial en expansión que hay dentro de todo ser humano".

Para que las personas puedan entenderse ellas mismas primero deben saber lo que son. Somos seres espirituales viviendo una experiencia terrenal. Una vez nos apropiamos de este conocimiento, de saber lo que somos, podemos entender por qué pensamos, sentimos, reaccionamos y actuamos, de una manera o de otra.

Si en verdad te conoces y pones a Dios primero en todo, siempre serás el amo, el líder de ti mismo, en toda circunstancia y reto.

Apropiarnos y realizar la Verdad es mucho más que conocer la Verdad. La Verdad es una revelación interna, hay que hacer el camino y proseguir mucho más allá. No es solamente algo a lo cual vas, sino algo que viene a ti.

de la mano de Jesús te enseña a caminar el sendero, en mente y espíritu.

Antes de proseguir, como somos espíritu, alma y cuerpo, ha llegado el momento que entiendan lo que es nuestra **alma**. Deben saber cómo nuestra alma se relaciona con nuestra mente supraconsciente, consciente y subconsciente.

La mente consciente es la que recibe y procesa información. Es donde el pensamiento y el razonamiento tienen lugar. Es donde tenemos conscientemente el poder de decidir. En el consciente tenemos el poder de seleccionar nuestros pensamientos y emociones. Conscientemente podemos dejar de asumir, de juzgar por las apariencias y entender la Verdad. A través de la mente consciente establecemos nuestras relaciones con la mente supraconsciente y la subconsciente. Los cinco sentidos nos traen información del mundo exterior. La responsabilidad de la mente consciente es decidir lo que acepta, retiene y piensa. También tiene la responsabilidad de no dejar que entren a la mente subconsciente, ideas y pensamientos negativos, destructivos y erróneos. En otras palabras, actúa como un filtro, como un portero. La mente consciente debe estar alerta para discernir lo que deja pasar o no, al subconsciente. Debemos dejar pasar lo bueno, lo positivo, lo puro, lo que engrandece, lo que da paz, armonía y todas las ideas divinas, pues es el subconsciente el almacén, donde cuando necesitamos información la vamos a buscar. En el subconsciente se encuentran las memorias y recuerdos.

Metafísicamente, nuestra **alma** es el corazón, es nuestra conciencia, es la mente consciente y la subconsciente. Tiene la maravillosa capacidad de apropiarse de todas las ideas divinas y del bien que viene de la mente supraconsciente. Posee la asombrosa habilidad de acudir al Espíritu interno, o al mundo externo. *Nuestra alma abarca la totalidad de la conciencia.* Se espiritualiza apropiándose de todo el bien de la mente supraconsciente. **Espiritualizar nuestra alma es nuestro trabajo en este plano de vida.**

Si nuestra alma se mantiene apropiándose de la mente espiritual, de lo bueno, de las ideas divinas, de lo recto, lo puro, lo sublime, en otras palabras, de lo que viene de Dios, está logrando su objetivo en esta existencia de vida. Se está transformando, se está espiritualizando.

La espiritualización de nuestra alma está en completa relación con el grado de apropiación de las ideas divinas y de las verdades espirituales que permitamos dejar entrar a nuestra conciencia.

Hay que recordar que nuestra alma es eterna. En ella no hay nacer, ni morir. Ella nos conduce a la eternidad de Dios, ahora y siempre.

Si además, nuestra alma sabe que hay asuntos que resolver que se encuentran albergados en su parte subconsciente, en forma de pensamientos, sentimientos, recuerdos, memorias, y decide eliminarlos, tacharlos y borrarlos, lo puede hacer a través de las afirmaciones, negaciones, oraciones y meditaciones. De esa manera nos renovamos bajo la transformación de nuestros pensamientos.

El estudiante de Verdades Espirituales, contrario al religioso, tiene dominio de todos estos conceptos y principios. Reconoce el poder del pensamiento y la palabra. Por lo tanto, reconoce que es él mismo el único líder de sus pensamientos y vigila lo que piensa y dice.

Las enseñanzas de Verdades Espirituales son para levantarnos en conciencia y hay que discernirlas espiritualmente. Debemos estudiarlas progresivamente, según hacemos el camino, y saber que no hay atajos para llegar a Casa. La gloria del Señor la alcanzaremos por grados: *"de gloria en gloria"*. El atajo más corto es, siguiendo **de la mano de Jesús**.

La transformación es de lo interno a lo externo. En lo interno es que reside todo poder, es donde se encuentran las ideas divinas, es la fuente de las facultades espirituales que están en nosotros. Ejemplo: fe, fortaleza, sabiduría, amor, poder, imaginación, comprensión, voluntad, orden, entusiasmo, vida.

Parte Tercera:

Yo Soy la vida

Hoy, en el camino, hemos divisado un granero. Jesús me deja saber la importancia que tenía un granero para el pueblo hebreo. Los hebreos estaban acostumbrados a la práctica de ofrendar y diezmar de todas sus cosechas. Las entregaban al Alfolí, que era una especie de granero. En el alfolí o granero se depositaba la sustancia en forma de provisión material, para satisfacer toda necesidad. Para los hebreos, dentro del alfolí había un tesoro. Había abundancia basada en la ley de dar y recibir. La promesa para todo el que cumpla, dice:

"Traed todos los diezmos al alfolí y haya alimento en mi casa; y probadme ahora en esto, dice Jehová, a ver si no abriré las ventanas de los cielos y derramaré sobre vosotros bendición hasta que sobreabunde".

Jesús mirando el granero, me dice:

—*"Yo Soy el pan de vida, el que a mi viene, nunca tendrá hambre".*

Las palabras de Jesús me hacen reflexionar en que **Jesucristo es el alfolí divino,** pues en Él se encuentran todos los tesoros que existen en la Mente Divina; tesoros de conocimiento, sabiduría e inteligencia. Su mente está sumergida en la Mente Dios. Sabía que Dios es Abundancia inagotable de todo bien. Mirando al granero, Jesús veía a Dios y sentía el fluir de la sustancia divina en todo Su ser.

Jesús conocía el concepto de **la sustancia divina,** la cual hace potente y fértil nuestra conciencia. La sustancia está presente en todas partes y está en nosotros, lista para ser usada. **Dios es la totalidad de la siempre presente sustancia,** en la cual vivimos, nos movemos y somos. La sustancia que Dios es, está detrás de toda la materia y de todas las formas. **La sustancia es la energía viviente de lo cual todo está hecho.** No puede verse, probarse o tocarse. Esta idea divina, **"sustancia",** es poderosa si el que la maneja conoce sus características y se familiariza con ella. La sustancia espiritual es la fuente de toda riqueza material, **es un tesoro.** No puede sufrir pérdida o destrucción por el pensamiento humano. Jesús sabía que nosotros no conocíamos el principio y nos lo dijo de esta manera:

—"Tengo carne para comer que vosotros no conocéis".

Carne *es la sustancia espiritual, el cuerpo espiritual.* **Carne es igual a Pan.**

Dios como sustancia, es el plano de potencial puro, que está por debajo de toda manifestación. **La sustancia divina es nuestra provisión**. Mirando el granero, Jesús veía, sentía y fluía en la Fuente inagotable de abundante provisión, Dios.

Como **la fe** trae cualquier cosa a visibilidad, pues lo invisible se hace visible si tenemos fe. Así es como de la sustancia, formamos lo que queremos, de acuerdo a nuestra fe y comprensión.

A cierta distancia del alfolí o granero había una plantación de uvas y nos acercamos para admirarlas. Mirando las uvas, Jesús me dijo que **la sustancia y la vida** son ideas en la Mente Dios. El vino que se hace de las uvas representa el principio de **Vida espiritual. Dios es Vida**, la fuente y el soporte de toda energía y actividad. *Dios es la esencia de vida que se infiltra por todo nuestro ser, nuestro espíritu y nuestra mente.* Esta Vida es perfecta.

La Vida es divina, espiritual, y su fuente es Dios. El río de vida está en la conciencia espiritual de nosotros. Obtenemos conciencia de la vida divina mediante el avivamiento del Espíritu. Podemos ser acelerados con vida nueva y vitalizados en mente y cuerpo, por medio de la oración, la meditación y las buenas obras.

Seguimos a Jesús, y **a través de Él, somos infundidos con vida.** Por eso, Él nos enseñó que: *"En Él es*

la vida y la vida es la luz (inteligencia) de los hombres".
La vida y la luz son tratadas como una.

La vida es la energía que pone todo en acción, hace que todo funcione. Sin energía, no podemos funcionar, ni nosotros, ni las máquinas. No podrían producirse los procesos vitales. La energía ha hecho posible que nosotros nos hayamos movido hacia adelante en el tiempo y en la historia. Se aplica a lo que produce un contundente efecto.

Nuestra energía espiritual es la extensión de la energía divina, Dios. Nosotros somos una maravillosa fuente de energía radiante, que es la que transporta una onda electromagnética, la cual es la fuente más poderosa de energía en nuestro cuerpo y corazón. Nuestro corazón emite cinco mil veces más energía que el cerebro. Podemos irradiar energía desde nuestro corazón, al corazón de otra persona, hasta diez pies de distancia.

El tema de energía resultó interesante y Jesús me hizo saber que Él estaba consciente de Su energía, la cual irradiaba y dirigía correctamente, tal como lo hizo con Verónica, la mujer enferma de flujo de sangre, cuando ésta le tocó Su manto: **"Alguien me tocó, porque energía salió de mi"**, dijo Jesús.

En el tema de la fe, cuando habló de mover cosas, utilizó el mismo principio de la energía. Solamente se necesita una porción de fe, para tener la energía que mueve las cosas materiales.

Dijo Jesús:

—"Si tenéis fe como un grano de mostaza, diréis a este árbol de sicómoro: *"Desarráigate y plántate en el mar. Y os obedecería"*. O al monte: *"Quítate y arrójate al mar"*.

Es importante conocer, aceptar y reconocer la Verdad de lo que no se ve. Tenemos muchos ejemplos y me viene a la memoria Pablo y Silas, cuando en la cárcel, movieron la energía orando y cantando himnos a Dios. La energía que movieron fue dirigida correctamente, abriendo puertas y rompiendo cadenas. Sucedió la manifestación, la demostración de la ley divina. La energía bien dirigida, a través de la oración y cánticos, produjo un efecto contundente.

La energía divina produce efectos contundentes: abre puertas, rompe cadenas, mueve montañas, sana, restaura, desbarata y disuelve situaciones desagradables.

Estos efectos contundentes se logran cuando estamos conectados con la Fuente, el Padre, Dios. Por el contrario, cuando nos separamos en conciencia, la no unidad hace que la energía se disipe, se desparrama y no ocurre la manifestación.

En **de la mano de Jesús,** la energía la concentramos en el espacio sagrado; en la nueva conciencia, en el corazón, en el granero, en el alfolí divino, en nosotros. Ese tesoro divino lo vamos a mover a nuestro alrededor y hacia toda la humanidad, en forma de pensamientos de luz, amor y sabiduría.

CUARTA PARTE:

La Guía----Jesús----el monte----Moisés

Jesús me dice:

—"Hoy vamos a la falda del Monte, deseo estar en el lugar donde se me revelaron los fundamentos de mis enseñanzas espirituales. Siempre, a este sitio se le ha llamado monte, pero en realidad, es una colina. Quiero reconocer a Moisés, quien estuvo en el Monte Horeb hace aproximadamente 1,500 años, completando su camino espiritual superior. A ese final de su camino, Moisés lo llamó **la Tierra Prometida**".

Para Moisés hacer el trayecto y completarlo, necesitaba una guía y cuando bajo del monte, él trajo la guía escrita en piedra. A la guía le llamó **"Los Diez Mandamientos"**

En la guía de Moisés, *"Los Diez Mandamientos",* nuestro bien es condicional. Está sujeto a lo que hacemos o no hacemos. En otras palabras, depende de cómo actuamos en nuestra vida. Seremos dignos del bien de Dios si hacemos unas cosas y no hacemos otras. El concepto que la guía de Moisés plantea es que si haces algo en lo externo, logras cambiar tu ser interno. La transformación ocurriría de lo externo a lo interno.

—Jesús conocía muy bien el área de la falda de la colina, en el norte de Israel, y buscó su lugar favorito para sentarnos a descansar y continuar la conversación. Mientras nos acomodábamos, aproveché la oportunidad para añadir que desde Moisés, hasta este momento, la humanidad ha estado en una constante expansión de conciencia. Los profetas que Te precedieron habían abonado el terreno de la conciencia humana. Se ha avanzado y evolucionado—.

El último profeta de la dispensación, Juan El Bautista, fue quien nos presentó al modelo de la nueva conciencia, a Jesús, el Señalador del Camino. Desde ese momento, la historia de la humanidad tomó un giro distinto. *El concepto de la nueva guía de Jesús es diferente, distinto, es totalmente espiritual y la transformación se lleva a cabo desde lo interno a lo externo.*

Jesús se dirige a la colina, pues había llegado el momento de presentar **la guía espiritual** más abarcadora de los tiempos y que la humanidad debía seguir.

Me dice Él:

—*"Hice la promesa que aquel que sigua mi camino y mi guía, las bienaventuranzas, va a lograr las mismas cosas que yo hago y mayores aún".*

Mi guía espiritual es totalmente diferente a lo que se había enseñado a través de los siglos. Antes, se enfatizaba en hacer o no hacer, en lo externo, para lograr resultados en lo interno. El concepto de mi guía es que lo que cada uno de nosotros hace o logra transformar en lo interno, da frutos y buenos resultados en lo externo. Es una transformación que viene del corazón, de la Omnipresencia, Omnipotencia y Omnisciencia Dios en nosotros.

Al preparar mi guía, tenía claro en mi mente que los que siguen mi camino ya han alcanzado un nivel superior en sus vidas. Saben que es malo robar, codiciar lo que no es de ellos, matar, cometer adulterio, mencionar el nombre de Dios en vano, mentir, desear lo que no es de ellos, y también saben que es bueno amar a Dios y honrar a padre y madre.

No solamente están preparados en conciencia para entender y practicar en sus vidas mi nueva guía de ocho oraciones, sino todas las nuevas enseñanzas, que como maestro de la Verdad, les tengo reservadas.

Lo que enseño es nuevo, no hay precedente, y hay que volverse como niños para poder estar receptivos en mente, alma y corazón, a mis enseñanzas. La conciencia del niño es limpia, pura, perfecta, receptiva a recibir y totalmente espiritual. La conciencia de un niño no ha tenido influencia externa, ni ningún tipo de contaminación. Es un terreno fértil para sembrar y dar frutos".

Jesús continúa diciéndome:

—"Ahora que nos encontramos en el valle de paz, vamos a sentarnos y aquietarnos para entrar amorosamente en el discernimiento de la guía (el Sermón) que se me reveló en el monte. El

"monte" es lugar de elevada comprensión o conciencia espiritual.

Antes de comenzar hay una realidad que tenemos que enfrentar. Hay millones de cristianos que no han estudiado mi guía —las bienaventuranzas—y otras no la han comprendido y peor aún, no la conocen.

Deseo que sepan que mi guía se conoce con diferentes nombres: **El Sermón del Monte, Bienaventuranzas, Beatitudes o Actitudes de ser.**

Además hay otra realidad que enfrentar, y es la preferencia de algunas denominaciones religiosas. Algunas prefieren enseñar o poner más énfasis en la guía de Moisés (Los Mandamientos), que en mi guía (el Sermón del Monte). Esto no debería ser así, pues Yo he dicho, *"No vine a abolir la ley de Moisés o los escritos de los profetas. Al contrario, vine a cumplir sus propósitos.*

Hay que cumplir la ley y si me aman, guarden mis mandamientos: *"Amar a Dios con todo tu corazón, con toda tu alma y con toda tu mente"*. *"Amar al prójimo como a ti mismo" y que "Os améis unos a otros, como yo os he amado"*. Mi amor es incondicional. En mi guía cumplimos la ley y seguimos al Cristo en nosotros, para alcanzar el Reino".

—Algunas denominaciones prefieren mantener entre sus feligreses una conciencia de pecado, castigo, prohibición, condenación, miedos y ritos, que los han entretenido por años. En los últimos tiempos han añadido más música que mensajes y clases. Han abandonado, o desconocen la profundidad de Tus enseñanzas. Las enseñan superficial y literalmente. Dan más importancia al no harás o no hagas, en lugar de a la guía que te ofrece una promesa cuando piensas, sientes y actúas, de acuerdo a tu divinidad, el Cristo morador. La guía (Beatitudes o Actitudes de ser) **engrandece al hombre para vivir una vida abundante y plen**a. Es afirmativa, positiva, amorosa y en conciencia. Si la sigues, vives de bendición en bendición, de gloria en gloria, que es el estado espiritual más elevado que podemos alcanzar, la unicidad de nuestra mente con la Mente Dios. Vivimos en bendición, ya que el significado de bienaventurado es *"bendecido"*. Esta palabra es importante porque bendecido significa alabado, engrandecido, colmado de bienes por Dios. Esto quiere decir que todo el bien de Dios nos acompaña siempre, si comprendemos, estudiamos y vivimos la guía de las Bienaventuranzas—.

—**"Para entender todo lo que Yo enseño, me comenta Jesús, debes saber solamente una cosa, Yo estoy tratando con <u>estados de conciencia</u>, mis enseñanzas tratan acerca de actitudes"**.

Beatitud significa actitud. Beatitud es una actitud en nuestra manera de pensar y actuar, es algo que puede ser aprendido. En cada beatitud, o **actitud de ser**, Jesús nos enseña la manera de ser, para expresarnos y actuar de acuerdo a sus enseñanzas. Al estar abiertos y receptivos en mente y corazón a esa manera de ser, somos compensados. Una actitud correcta te conduce al bien deseado.

—"Amorosamente Te digo:

Dichosos, bienaventurados, bendecidos los pobres en Espíritu porque de ellos es el Reino de los Cielos. Con éstas palabras lo que te estoy enseñando es que el pobre en espíritu es el que siente, reconoce y dice; *"a mí me falta algo, siento que estoy en bancarrota espiritual, estoy en pobreza espiritual, y soy dichoso, bendecido, porque lo reconozco".* Así, al reconocer que su pobreza no es material, sino espiritual, está siendo guiado a un nivel superior en conciencia.

El pobre en espíritu desea de todo corazón, alcanzar las riquezas superiores y el conocimiento de las Verdades Espirituales. Si eres pobre en espíritu, no solamente deseas alcanzar las riquezas espirituales, sino que vas a anteponerlas a las materiales. Sabes conscientemente que lo material llega por añadidura. Además sabes, que siempre se cumple la ley divina y renuncias a la tentación de poner primero lo material en tus asuntos y decisiones.

Un pobre en espíritu reconoce que está arruinado sin Dios. Por esta razón, cuenta con Dios en todo y para todo. Sigue la sabiduría divina. Pone a Dios primero en todo y lo busca de todo corazón. Su deseo es *ser en espíritu*.

Debes saber que cuando deseamos algo, no es nuestro el deseo. Es el deseo de Dios a través de nosotros.

El pobre en espíritu afirma: *"Amorosamente, pongo todos mis asuntos en manos del Padre y todo aquello que es para mi mayor bien, se manifiesta en mi vida"*.

Cuando has llegado a este estado de conciencia espiritual, abandonas todo esfuerzo por comprender intelectualmente las cosas espirituales. Por el contrario, permites y estás receptivo a recibir el Bien de Dios en tu vida y asuntos. En este estado de pobreza espiritual te haces más educable espiritualmente, tienes una mente abierta y receptiva a la Verdad. Estás dispuesto a abrigar conceptos nuevos y renunciar a las opiniones y prejuicios preconcebidos.

Mi guía es para que te dejes educar y sepas realmente la Verdad. *Apropiarse y realizar la Verdad es mucho más que conocer la Verdad.* La Verdad es un conocimiento interno, es una revelación interna. Si estás dispuesto a aprender, es necesario seguirla y aplicarla en tu vida y asuntos.

A través de esta primera **actitud de ser**, disciplinas tu mente a dirigir los pensamientos por el camino superior, a dar prioridad a lo divino y espiritual. Al apropiarte de lo que verdaderamente enriquece, sales de la bancarrota espiritual y le das la bienvenida al Reino de los Cielos.

El Reino de los Cielos no es un lugar en el espacio, e**stá en ti** y en todos. La razón por la cual las personas creen que es un lugar, es porque se les ha hecho difícil discernir y comprender las cosas espirituales. Trascender en conciencia a un plano superior espiritual (cuarta dimensión) se les dificulta, ya que el plano tridimensional en el cual viven y se mueven, ha sido a lo que han estado acostumbrados".

La mente del hombre ha sido programada para discernir lo limitado; lo que se ve, lo que se oye y lo que se siente. A esto lo he llamado *"las apariencias de las cosas"*. También se conoce como verdad relativa. En cambio, la mente del hombre espiritual que se ha apropiado y se ha hecho receptiva a la comprensión de la Verdad Absoluta, que es lo que no cambia, lo perfecto; entiende y sabe que: *"lo limitado se hizo de lo ilimitado". En otras palabras, "lo que se ve, se hizo de lo que no se ve"*. Te voy a dar un ejemplo utilizando una silla. Esta silla se diseñó y se construyó según la idea que tenía en su mente el que la creó. *No vemos la idea, pero si vemos la idea expresada*, la *silla"*.

A medida que te mantengas en el camino, vas adquiriendo conciencia de lo que no se ve, aplicándolo a tu vida. Vas a comenzar transformando tu manera de pensar. Donde ves la apariencia de enfermedad, vas a comenzar a ver salud perfecta y divina. Donde ves escasez, vas a comenzar a ver abundancia de todo bien. Donde ves desarmonía, odios y rencor, vas a comenzar a ver armonía, paz y perdón. En otras palabras, vas a comenzar a negar la apariencia, ya que la apariencia no es real. La manera de desconectarte y despojarte de la negatividad, es precisamente, utilizando la negación en tus oraciones. La negatividad no es parte de nuestra alma. La Verdad es: "Soy un hijo/hija de Dios y Él quiere lo mejor para mí donde quiera que me encuentre y en la situación que me encuentre".

Jesús continúa hablándome:

—"Al comenzar este camino en conciencia, te invité a dejar todo atrás, a no mirar al pasado, a lo negativo, a lo que no engrandece. Todos deben soltar y dejar ir la negatividad. Deben apropiarse de mis palabras: *"Vete y no se lo digas a nadie"*. No deben seguir repitiendo cosas negativas del pasado. Si han estado enfermos, que no rememoren su enfermedad, no hablen de lo que les faltó, sino de lo que tienen. No deben atascarse en lo negativo, pues es un gasto de energía que deben evitar, para que no se refleje en sus cuerpos y en sus asuntos.

Además, todos son responsables de la energía espiritual que acumulan y de la que desperdician. Deben pensar en lo que es Verdad; lo honesto, lo puro, lo amable, todo lo que es de buen nombre, en lo que hay virtud y en lo que es digno de alabanza. *"El Espíritu de Verdad nos guiará a toda la Verdad"*. Dios es la Verdad"

Nuestros pensamientos nos pueden mantener en el Cielo o en el infierno, en los estados espirituales más elevados, puros, perfectos y sublimes o en los más negativos, impuros e imperfectos.

En la Tierra como en el Cielo, merecemos lo mejor, lo bueno, la gloria, que es el estado de conciencia más avanzado que puedes alcanzar. *"Vivir de gloria en gloria"*, es la fusión de nuestra mente con la mente Dios. *"Siento que estoy en la gloria"*. En ese estado de conciencia, lo que vemos, oímos y expresamos en nuestra vida, es alegría, gozo, paz y amor.

El Reino de los Cielos está y siempre ha estado presente en nosotros. Para alcanzarlo en conciencia, la guía está disponible. El Reino se va haciendo parte de nosotros, a medida que lo interno se vuelve más importante que lo externo, a medida que expresamos más aquello para lo cual fuimos creados; expresar la semejanza de Dios.

No busquemos el Reino allá arriba, sino en nosotros mismos. En lugar de señalar hacia las nubes cuando nos referimos al Reino de los Cielos, señalemos hacia nuestro corazón, pues sabemos que está dentro de nosotros. El

Cielo espiritual no es el espacio aéreo donde vuelan las aves.

El cielo es potencial en expansión, dentro de nosotros. El potencial del Espíritu en nosotros, está envuelto dentro de nuestra naturaleza humana (espíritu, alma y cuerpo).

—"Amorosamente te explico, me dice Jesús:

Dichosos, bienaventurados y bendecidos los que lloran, porque ellos recibirán consolación. Aquí lo que te estoy enseñando es a reflexionar en que Dios es el Bien Absoluto y que en cada situación que estemos atravesando, hay un bien mayor.

Si aprendes que eres bendecido al aceptar que un bien mayor llegará a ti, no importa el reto o situación por la que estés pasando, entonces la Verdad se te ha revelado al corazón. En el momento, es posible que no lo veas espiritualmente, pero debes saber que la *"adversidad del hombre es la oportunidad de Dios"*. Algunas personas emprenden la búsqueda de Dios cuando los obliga una contrariedad. Sus mentes están cerradas a la Verdad, hasta estar desesperados y desconsolados.

Cuando te conoces a ti mismo, no vas a sucumbir a la pena o al desconsuelo, ya que conoces la Verdad de tu poder interno. Has aprendido a apacentar tus pensamientos. "Apacienta las ovejas" significa aquietar los pensamientos en toda circunstancia.

Esta segunda beatitud o actitud de ser de mi guía, te va disciplinando a reconocer a Dios como el Bien Absoluto. Dios es tu consuelo, el Bien. Su Presencia es y está en ti, porque Dios **es TODO.**

Consolación es vivir en un estado consciente de la Presencia Dios y es la recompensa de los que escogen vivir la vida en conciencia espiritual. La consolación es experimentar la Presencia Dios".

—"Amorosamente te digo:

Dichosos, bienaventurados, bendecidos los mansos, porque ellos recibirán la tierra por heredad. Ahora lo que te estoy enseñado es que ser manso espiritualmente *es estar receptivo a la voluntad divina.* **Es entregarse completamente a Dios**, sabiendo que los resultados van a ser buenos. La mansedumbre espiritual te permite pensar y desarrollar nuevas ideas.

Mansedumbre significa: **actitud de entrega** en conciencia, a Dios. Entrega a Dios.

Como ser espiritual, es necesario que conozcas ambas guías, la de Moisés y la mía, para así apropiarte del fundamento de la ley y de mis enseñanzas. No vine a abrogar la ley.

Si te entregas completamente a Dios, en pensamiento, sentimiento y acción, estás en control y dominio espiritual; mental y físico. Vas a dirigir tu atención a lo puro, a lo que engrandece, a lo bueno, a lo que viene de Dios, a lo que Yo llamo,

mansedumbre espiritual. Si practicas la mansedumbre espiritual, vas a obtener excelentes resultados, lo que Yo llamo también, la tierra por heredad.

Este es el momento de entender el significado de tierra. **Tierra** *significa los buenos resultados externos en nuestro diario vivir, que se logran practicando la mansedumbre.*

La frase *"me entregué al Señor"*, describe la actitud de entrega a Dios. Yo prefiero, llamarle a esta actitud de entrega, *"me entregué al Padre, a Dios"*. Lo siento más cercano y más íntimo cuando lo llamo Padre. En cambio, cuando lo llamo Señor, lo siento distante y menos familiar. El manso, que se entrega en conciencia a Dios, reconoce su unidad con la Totalidad. *"Yo y el Padre uno somos"*.

Si por el contrario, entregas tu libertad, tu dominio, y te dejas atrapar y entretener por las prácticas que están de moda, caes atrapado en las redes del error, la oscuridad y la ignorancia espiritual.

Fuiste creado a la imagen, a la idea de Dios. En la creación, esa idea incluía dominio sobre todas las cosas. Se te dio poder para ponerle nombre a todo. Dios te ideó como líder de tus pensamientos. ("Un grupo de ideas constituyen un pensamiento"). Las palabras son pensamientos expresados. Si eres receptivo a la voluntad divina, a todo lo que viene del plano superior, a lo divino en ti, los resultados van a ser buenos.

Mi guía enseña que aquietemos nuestros pensamientos, que no perdamos el dominio que se nos dio de ellos. Consciente o inconscientemente, millones de personas han sido atrapados por las redes y medios sociales. Han desarrollado problemas mentales, psicológicos, de socialización y físicos. A pesar de que hablan de **redes sociales**, no entienden el significado del término redes. **Las redes** son el resultado negativo de prácticas contrarias a **la mansedumbre espiritual, donde se**

pone a Dios primero en todo. Cuando caes en las redes, dejas a un lado el resto de las actividades propias de una vida normal, tanto en lo interno, como en lo externo. Esos millones de personas dan testimonios aceptando que no pueden orar, meditar o reflexionar. Aceptan que han dejado de ser líderes de sus pensamientos y que se encuentran inmersos y encadenados a esas redes. Son los falsos dioses que se adoran y que encadenan a los que someten su voluntad y su dominio, a ellos. Hay otros que no aceptan lo que les ha ocurrido y utilizan mecanismos de racionalización para seguir encadenados. Solamente hay que observarlos en sus hogares y en los lugares públicos y ver cómo han entregado su voluntad y su dominio.

"Yo vine a quitar cadenas, a que conozcan la Verdad que nos hace libre".

—"Amorosamente Te digo:

Dichosos, bienaventurados y bendecidos los que tienen hambre y sed de justicia, porque ellos serán saciados. Con estas palabras te estoy enseñado que **justicia** es el recto pensar o pensar rectamente. Nuestro pensar, en cada aspecto de nuestra vida, debe ser mantenido en una sola dirección: idea, pensamiento, sentimiento, palabra y acción. *No digamos una cosa y hagamos otra.* Al usar recta y espiritualmente las facultades espirituales, mentales y físicas, éstas se van a manifestar correctamente en tu vida.

El hambre *es el deseo que existe en ti de expresar lo divino.* Esa hambre, ese deseo tuyo, siempre va a ser saciado. Lo que deseas, si viene de Dios, será satisfecho por el amor divino y la vida divina. Los deseos tuyos son los deseos de Dios, a través de ti.

Bajo la ley de justicia no debes desear nada que no sea verdaderamente tuyo. Reconoce tu divinidad, que da forma a tus deseos y propósitos y ella coopera para que seas próspero y feliz.

Vas a **ser saciado** por hablar correctamente, por hablar la Verdad, por no juzgar, por mantener en tu mente ideas, pensamientos y sentimientos que te enaltecen.

Pensar y actuar rectamente conlleva conocer las leyes espirituales y universales. Ambas leyes son las mismas, pues **son las leyes de Dios.**

A esta cuarta beatitud o actitud de ser de mi guía, podemos aplicar la ley universal, que dice: *"Tal como lo de adentro, así lo de afuera"*. Esto significa simplemente que si piensas una cosa, produces la misma cosa.

Si deseas salud, piensa antes que nada en salud. Tu hambre o deseo será satisfecho con salud perfecta y divina. Tú vas a apropiarte de la Verdad de que como hijo/hija de Dios fuiste creado a la idea perfecta del Creador. La vida vigorizadora Dios inunda todo tu ser y eres sano. Piensa positivamente y haz afirmaciones de Verdad. **Una afirmación** es una declaración positiva de la Verdad.

Si deseas armonía y paz, piensa y mantén un estado mental que incluya pensamientos de paz, de gozo y de buena voluntad para ti y para todos. Las emociones negativas son una de las principales causas de enfermedad. Esto sucede porque **el canal de expresión de las emociones, es nuestro cuerpo.**

Si deseas y tienes hambre por una vida abundante y plena, piensa en abundancia ilimitada de Bien. Al pensar que *"Todas las cosas cooperan para el bien de aquellos que aman el Bien"*, tu deseo será saciado. **Amar el bien significa pensar en todo lo bueno, amar a Dios sobre todas las cosas.** Es imposible buscar la Verdad y la justicia, de todo corazón, sin ser coronado por el éxito.

El primer principio de Verdad espiritual dice: **"Dios es el bien activo en todo y en todo lugar"**.

Al pensar rectamente eliminas la costumbre negativa y errónea de juzgar. No juzgues, para que te mantengas en el Reino. La crítica es lo más que ocasiona infelicidad. Juzgar a las personas, a las situaciones y asuntos, solo por las apariencias externas, es siempre un error. Al juzgar por las apariencias, te separas del bien que la situación o persona te ofrece. Es un hábito destructivo e improductivo.

"El amor no se goza de la injusticia, más se goza de la Verdad."

Te voy a explicar la idea del **"Cristo"** para que adelantes en mis enseñanzas. Todos, sin excepción, tenemos el Espíritu de Dios en nuestro interior, **"El Cristo"**. Es la semilla divina en nosotros, nuestro ADN espiritual. Por lo tanto, cada persona es divina. Cristo es lo más elevado que podemos ser, **es la idea de Dios en nosotros**.

Cristo es el Ser espiritual perfecto en cada uno de nosotros. Cristo no es una persona. Es un grado de estatura que logré, continuó diciéndome Jesús, y que además, es un grado de estatura potencial que mora en todo ser humano.

La palabra Cristo viene del griego Christo, que quiere decir *"ungido"*. A Mí se me llamó así, debido a que Soy un ungido de Dios. Mi Fuente proviene de Dios y Yo estoy consciente de ese fluir espiritual. Tú también eres un ungido de Dios, porque tú Fuente es Dios".

—Le digo a Jesús: Voy a interrumpir para decirte lo que dijo una doctora y maestra espiritual llamada Emily Cady: *"Cristo es la parte de Dios mismo que Él ha puesto dentro de nosotros, que siempre vive en nosotros, como un inexpresable amor y deseo de precipitarse a la circunferencia de nuestro ser, a nuestra conciencia, como nuestra suficiencia en todos las cosas"*—.

Continúa Jesús:

—*"Yo estoy tan consciente de esa relación Crística, que por eso los que me siguen de la mano, me llaman Jesucristo.*

El Cristo es lo que Dios **"ve"** cuando mira a un ser humano. Porque Dios, siendo perfecto, puede ver la perfección que los humanos somos, porque fuimos creados a Su imagen. Cristo mora en cada persona como perfección potencial. Podemos expresar la Presencia Crística moradora cuando amamos, damos y perdonamos incondicionalmente.

Voy a aprovechar esta oportunidad para explicar que **Cristo Jesús** es Jesús ascendido. Cristo Jesús es cuando Logré la espiritualización de mi cuerpo, que es **la ascensión**. En otras palabras, la ascensión es el cumplimiento o demostración de la conciencia Crística. Los que siguen de mi mano se convierten en Cristo cuando se desprenden de la personalidad y viven en su individualidad, en conciencia espiritual.

Cuando tenemos una situación negativa con una persona, debemos **bendecirla y seguir adelante**, ya que dentro de cada uno de nosotros está **la misma esencia, El Cristo.**

No nos toca a nosotros juzgarlos, porque sería juzgar a Dios, ya que cuando juzgamos a alguien, estamos juzgando a Dios mismo. Esa persona es un hijo/hija amada de Dios, hecha a Su imagen, esté o no, expresando o manifestando su divinidad. Lo que sucede es que no está expresando en ese momento El Cristo, su esencia divina.

El Cristo es la parte de Sí mismo que Dios ha puesto dentro de nosotros. El mismo Cristo que vive en Mí, vive en todos.

"Todos tenemos el mismo Cristo y le corresponde a cada uno de nosotros expresarlo".

Esto nos enseña, que: *"Una cosa es juzgar y otra es usar el buen juicio".* Usamos el buen juicio manteniéndonos alejados de la situación o de la persona y viendo el Cristo en ella, aunque no estemos de acuerdo con el comportamiento impropio de ésta.

Una cualidad sobresaliente en las personas exitosas es usar *"el buen juicio"*. Debemos aprender a dar el uso correcto a lo que tenemos, y es entonces que podemos poseer todo lo que necesitemos o deseemos.

Al pensar rectamente eliminamos la costumbre negativa y errónea de juzgar. No juzguemos y así podemos mantenernos en el Reino. Nosotros somos los reyes/reinas del Reino".

—"Amorosamente Te digo:

Dichosos, bienaventurados y bendecidos los misericordiosos, porque ellos alcanzarán misericordia. *A través de estas palabras* lo que te estoy enseñando es que los misericordiosos son personas bondadosas *en pensamiento y acción.* Las personas misericordiosas, al ser bondadosas en pensamiento y actuación, aplican **la Nueva Ley de Vida** que Yo enseño.

Esa **Nueva Ley de Vida** enseña que lo que le das a la vida, recibes de la vida. El que da paz, recibe paz, el que da amor, recibe amor, el que da amistad, recibe amigos, el de recto pensar, recibe trato justo.

En esta enseñanza Te estoy diciendo que lo que viene a ti, es lo que tu conciencia ha atraído hacia ti.

La buena nueva es que puedes cambiar tu patrón de atracción. Mi enseñanza es un cambio en la manera de pensar, un cambio en conciencia.

Cambiar, significa pensar de un modo distinto, diferente, despertar, nacer de nuevo, transformarte, arrepentirte de pensamientos erróneos y renovarte.

Siempre recibes misericordia en proporción al grado de misericordia que expresas. Lo importantes es que seas, mentalmente y en acciones, misericordioso/a. Las buenas acciones deben ser precedidas de pensamientos bondadosos, de lo contrario serían hipocresía, vanagloria, temor, etc. Si tienes un pensamiento bueno hacia tu prójimo, lo estás bendiciendo. A la misma vez, ese pensamiento te está bendiciendo a ti. Esto ocurre porque **todos somos uno.** Eres uno en y con Dios. Recuerda que el Cristo que está en ti, está en tu prójimo. Si practicas misericordia, te comportas como el buen samaritano, que se movió a misericordia. *"Ve, y has tú lo mismo".*

El misericordioso es la persona bondadosa en pensamiento y actuación. Es el que dice **"Si"** a la vida. No se mantiene en la zona fácil, sino que vive en un estado de búsqueda en comprensión espiritual. Su conciencia es de expansión y no de contracción, acepta los retos que le brinda la vida sin temor.

Las acciones de misericordia en lo humano, incluyen entre muchas: Dar de comer al que tiene hambre, de beber al sediento, dar ropa al desnudo, ayudar a los presos y al que no tiene techo.

Las acciones de misericordia en lo espiritual, incluyen entre muchas: Enseñar al que no sabe, orientar al que lo necesita, bendecir al que está en error, perdonar, consolar, orar por los demás".

—"Amorosamente Te digo:

Dichosos, bienaventurados y bendecidos los puros (limpios) de corazón, porque ellos verán a Dios. Lo que te estoy enseñando es que los puros, limpios, libres de contaminación y sin mancha, son los que reconocen a Dios como la única Presencia (Omnipresencia), el único Poder (Omnipotencia) y la única Sabiduría (Omnisciencia) que existe.

Es importante que antes de comenzar a orar, hagas un reconocimiento a la Presencia Dios. Una manera sencilla de hacerlo es diciendo: Me establezco en conciencia de oración y reconozco la Presencia Dios en Mí. **"Hay una sola Presencia, un solo Poder, una sola Actividad en mi vida y en el universo, Dios el Bien Absoluto, y todo está bien".**

Los puros de corazón son los que miran siempre el bien en sus vidas y asuntos. Son los de *"ojo sencillo"*, como Yo lo llamo, pues ven siempre el bien en todo. No tienen visión doble. La

visión doble, que *significa ver bien y mal, es impureza espiritual.*

Es bueno que mantengas tus pensamientos centrados en el bien que quieres ver manifestado en tu vida. Hay mucha gente culta que poseen un caudal de conocimiento y no logran cambiar, ni mejorar sus vidas. Esto se debe a que para que un conocimiento pueda cambiarnos, es necesario que se incorpore a nuestra mente subconsciente, al corazón del hombre. De esa manera, se hace la transformación y se vive de acuerdo a la Verdad.

Al corazón le llamo, la mente subconsciente. La importancia de esto es que no basta que aceptemos la Verdad con la mente consciente o intelectualmente, pues la vida es transformada solamente cuando la Verdad es aceptada y asimilada por el corazón.

Puedes reeducar tu corazón con la oración, las afirmaciones positivas y la reflexión.

Los limpios y puros de corazón verán a Dios: significa y se refiere a la percepción espiritual, que es aquella capacidad de conocer la naturaleza verdadera de Dios. Con la percepción espiritual experimentas Su Presencia. Vas a conocer las cosas como son en realidad: *"Vas a Ver a Dios cara a cara"*.

Vas a dejar de ver en lo relativo, en lo que Yo llamo las apariencias de las cosas y vas a comenzar a ver en lo Absoluto. Vas a tener dominio y conocimiento del reino de las ideas divinas".

—"Amorosamente Te digo:

Dichosos, bienaventurados y bendecidos los pacificadores, porque ellos serán llamados hijos de Dios. En esta bienaventuranza lo que te estoy enseñando es que ante todo debes lograr tu paz interna, para luego ser pacificador en lo externo. Al apacentar nuestros pensamientos, logramos paz en mente, alma y corazón. Los pacificadores han logrado la paz interna y por consiguiente, establecen la paz en lo exterior.

Donde primero debes de ser pacificador es en tu alma, en tu corazón.

La paz es la serenidad del alma. El deseo de ésta es mantenerse en unidad espiritual con lo divino en nosotros, recibiendo todo lo bueno que viene del espíritu. Al estar en ese fluir, en paz con Dios, traemos paz a todas las situaciones que se nos presenten.

Siendo la paz interna la serenidad del alma, es el gran vehículo para lograr estar en la Presencia

Dios. Se obtiene por medio de la oración, meditación y el perdón. La paz es necesaria para conseguir concentrarse espiritualmente.

Esa paz, esa serenidad del alma, es lo que Yo llamo, *"la paz que sobrepasa todo entendimiento"*.

Los pacificadores han logrado superar limitaciones y dificultades en el mundo físico. Han avanzado en conciencia superior, así es que no solamente son potencialmente hijos de Dios, sino realmente, el *"hijo o la hija de Dios"*.

Como hijo de Dios por herencia divina, debes de expresar ese potencial divino, logrando la paz mental y expresándola. *Eres hijo de Dios, heredero de Dios y coheredero Conmigo.*

En esta séptima actitud de ser, quiero aclararte que el ser pacificador no es para resolver disputas, porque generalmente las cosas empeoran cuando intervienes en ellas. La oración es lo que tiene poder y muchas veces no tienes que decir palabra alguna. En esos momentos, es bueno y suficiente que pienses y actúes con amor y sabiduría divina. El amor vence todos los estados de error donde hay fricción mental y física. El amor es la fuerza que disuelve todo lo que se oponga a pensamientos correctos y de esa manera, se suaviza todo obstáculo que se pueda presentar".

—"Amorosamente Te digo:

Dichosos, bienaventurados y bendecidos los que padecen persecución por causa de la justicia, porque de ellos es el reino de los cielos. *"Bienaventurados sois cuando por mi causa os vituperen y os persigan y digan toda clase de mal contra vosotros, mintiendo. Gozaos y alegraos, porque vuestro galardón es grande en los cielos".*

Aquí lo que te estoy enseñando es que el origen de todo eso, de toda persecución o frustración, **proviene absolutamente del interior.** Fíjate, que las personas perseguidas por pensar rectamente, tienen ideales espirituales y sin embargo descubren dentro de sí mismos, estados de conciencia que se oponen a esos ideales.

Los estados de conciencia que se oponen a los ideales espirituales pertenecen **al pensamiento colectivo,** o conciencia de la raza. Pertenecen al viejo modo de pensar. Si les das poder, te atrasan en tu camino espiritual. Para adelantar en comprensión espiritual no puedes permitir pensamientos de tentaciones, coraje, rencor, desesperación, odio, prejuicios, desarmonías, mentiras, orgullo, vanagloria, etc. Para ir adelantando espiritualmente y seguir por el camino superior, no puedes ceder a esos estados de conciencia contrarios al recto pensar.

Tu trabajo no solo consiste en vencer los conflictos o persecuciones internas de esos estados mentales, sino además, los conflictos o persecuciones externas, que tratan de impedirte expresar tus ideales espirituales.

Eres dichoso, porque ahora sabes que la persecución interna y externa existe. Más tarde o más temprano en tu vida, te vas a enfrentar a ella. Esto es debido a que son combates con tu naturaleza inferior, con la conciencia adánica de los sentidos. La conciencia Crística, el Cristo morador en ti, te conduce siempre a la victoria, a tu galardón, y esas persecuciones van a resultar en bendiciones divinas.

Si sigues estas ocho beatitudes o actitudes de ser, de mi guía, verás que cada una tiene una recompensa. La recompensa en la primera y la última es la misma, El Reino de los Cielos estará en ti. En la segunda, recibirás consolación. En la tercera, recibirás la tierra por heredad. En la cuarta, serás saciado. En la quinta, alcanzarás misericordia. En la sexta, verás a Dios. En la séptima, serás llamado hijo de Dios y en la octava y última, recibirás lo mismo que en la primera. La promesa en ambas actitudes de ser es el Reino de los Cielos.

El reino de los cielos es el reino del espíritu, es el reino espiritual interno. Es la eternidad. Es la realización en tu mente del Bien Absoluto. Es vivir en la Presencia de Dios, donde no hay tiempo, no hay espacio, no hay discordia, no hay vejez. Es la eternidad, la armonía perfecta, la felicidad completa, la sustancia pura, es la conciencia de Cristo, el reino de las ideas divinas. Es un estado de conciencia en armonía con los pensamientos de Dios. Está dentro de ti. Es el reino del eterno bien. Existe, pero no como creías originalmente. Cuando no importa lo que pase en el mundo externo, tu verdadero ser permanece incambiable, lleno de paz y de expectación del bien. El cielo, en verdad, estará en ti. *"El reino está dentro de ustedes"*.

Si no puedes permanecer permanentemente en ese estado de conciencia de cielo, por haberte desviado, sabes que puedes volverte a él en cualquier momento que desees.

El cielo puede ser todo lo que deseas que él sea y mucho más. Tu ciudadanía está en los cielos, así que debes establecer residencia permanente en ese **estado de conciencia que Yo llamo cielo.**

Tú eres el rey/reina del reino y el palacio es tu conciencia, tu propia mente. A la conciencia Yo le llamo, *"El Lugar Secreto"*.

Quiero dejarte claro que el reino de Dios y el reino de los Cielos no son exactamente lo mismo. **El reino de Dios** es Absoluto, es Omnipresente, ilimitado y puro. Es el reino de las ideas divinas.

El reino de los Cielos es relativo para cada uno de nosotros. Abarca los niveles más elevados de tu ser. También es un proceso en ti. Está en ti. Es tu conciencia de la Verdad y de tu unidad con Dios, en crecimiento y desarrollo. En ti y en cada persona, está en diferentes etapas de comprensión".

Parte quinta:
Sanación———Cuerpo/Templo

—"Hoy hemos recorrido una gran distancia con el propósito de acercarnos a la puerta de la ciudad de Cafarnaúm. Fue allí donde Yo llevé a cabo la **sanación a distancia y por intersección**, del siervo del Centurión, quien estaba enfermo y a punto de morir. El centurión romano me hizo la petición de sanar a su criado, a través de la intersección de unas personas. Cuando me fui acercando, me envió otro mensaje, con otros amigos suyos, para que hiciera la sanación a distancia, por medio de mi palabra. Yo me maravillé de la fe del centurión y así lo expresé a la multitud que me seguía. El siervo sanó.

Me interesa contarte esta manera de **sanar a distancia y por intersección** de otras personas, tales como amigos, vecinos, familiares, grupos de oración, etc. La sanación se puede llevar a cabo de diferentes maneras. **Se puede sanar por medio de la palabra, por medio de la oración, por**

imposición de las manos, como hice con el sordo que le introduje mis dedos en los oídos. Puede ser también **por imposición de un elemento**, como fue el caso de la mezcla de saliva y tierra, que usé para sanar a un ciego de nacimiento. Nuestro poder lo podemos usar para **sanar y restaurar.** Le restauré y sané la oreja a Malco, el siervo del sumo sacerdote, cuando mi discípulo Pedro se la cortó con la espada. Este fue el último milagro, o demostración de la ley divina, que llevé a cabo".

Restaurar es volver algo a su estado original. Dios restaura y redime. Su Omnipotencia (poder) y Omnisciencia (sabiduría) en nosotros, hace su trabajo restaurador.

Todos los elementos necesarios para restaurar la salud existen en la dimensión más alta de nuestra mente, (mente espiritual).

Ciertas palabras usadas persistentemente, transforman condiciones en la mente, cuerpo y asuntos. Las palabras que utilizamos están unidas a nuestros pensamientos. Un grupo de ideas constituyen un pensamiento y las palabras son pensamientos expresados.

Jesús me dice:

—"Yo utilizo las palabras con poder, autoridad y dominio. Sigue de mi mano, pues *"Las palabras que te he dado son espíritu y vida"*.

Durante mis tres años de ministerio enseñé con ejemplos, las diferentes maneras de sanación y ahora me interesa que conversemos acerca de la **sanación de nuestro cuerpo/Templo.**

Nuestro cuerpo es el resultado de nuestros pensamientos. Por lo tanto, tenemos la responsabilidad de nuestra propia sanación."

—Tu ministerio de curación y sanación significa mucho para mí. Has sido mi ejemplo a seguir durante toda mi trayectoria en la medicina y en mi vida. Siempre he comprendido que nuestro cuerpo es el templo de Dios y **la sanación** no es algo que viene de afuera, de lo externo. Por el contrario, **viene de lo interno en nosotros, viene de Dios.** Tenemos que darle al cuerpo la importancia, la atención, el amor, el ejercicio, la nutrición y el cuidado que se merece. Lo sanamos con pensamientos de salud perfecta, oraciones y afirmaciones positivas. Los pensamientos espiritualizados sanan nuestra alma y cuerpo.

Nuestro cuerpo físico es un siervo obediente y está dispuesto a hacer lo que nosotros le decimos que haga, pero no debemos llevarlo más allá de lo que él está capacitado para tolerar. Parte de la sanación es aprender a escuchar nuestro cuerpo.

La sanación es bien importante en las Verdades Espirituales. Lo correcto es orar por sanación, en lugar de curación. Podemos establecer alguna diferencia entre sanación y curación. **La sanación** es total, es perfecta, es permanente. El significado de *sanación es restituir la salud perdida. Es romper las cadenas de pensamientos y sentimientos negativos y contaminados.* En las Verdades Espirituales, sanación es: *Manifestar el hombre Crístico perfecto que existe en cada uno de nosotros.* **La curación,** por el contrario, puede ser **temporera o puede ser permanente**. En la curación temporera o parcial, que llevaste a cabo en el hombre ciego de Betsaida, después de escupir en sus ojos y de poner las manos sobre él, Le preguntaste: ¿Ves algo?, y él Te contestó: *"veo a los hombres como árboles que caminan"*. Le volviste a poner Tus manos en sus ojos y la curación se hizo permanente, vio con claridad y sanó.

Somos espíritu, alma y cuerpo. Nuestro espíritu y nuestra alma necesitan una casa terrenal en esta existencia de vida. Esa casa es **nuestro cuerpo/Templo**. Dios está en esa misma casa y somos el templo del Dios viviente.

Nuestro cuerpo es el templo del amor divino y nuestra alma lo va a cuidar para seguirlo utilizando como vehículo de expresión—.

Me dice Jesús:

—"Nuestro cuerpo verdadero fue creado por Dios como una idea. *"Lo que se ve, fue creado de lo que no se veía"*.

Además, nuestro cuerpo es el vestido exterior de nuestra alma. Al espiritualizar nuestra alma, espiritualizamos su vestido exterior, nuestro cuerpo. Si logramos la espiritualización de nuestra alma y nuestro cuerpo, los podemos levantar a una expresión igual al espíritu. Eso fue lo que Yo hice y todo aquel que **me siga de la mano,** lo puede hacer".

En el camino hacia la sanación hay que re-educar la mente y establecer una actitud mental correcta. Ir al cuerpo y decirle la Verdad. Nuestro cuerpo físico refleja las actitudes de nuestra mente. No podemos obtener resultados positivos sin cambiar la causa que produce la imperfección. La Verdad la tenemos que plantar en nuestra mente subconsciente, que es la que controla el funcionamiento del cuerpo. Nuestra mente subconsciente trabaja día y noche, aun cuando estamos durmiendo. No descansa y no discierne.

Es vital para el estudiante avanzado de Verdades Espirituales, conocer la mente subconsciente. Es una parte importante de nuestra alma, pues en ella es donde hacemos el trabajo de transformación y renovación. El subconsciente es, además, el almacén de nuestros pensamientos, recuerdos y experiencias, buenas y no tan buenas.

Nuestro trabajo espiritual consiste en re-educar la mente, eliminando, renunciando, tachando y disolviendo todo lo que no nos engrandece, lo que nos atrasa, lo negativo, lo erróneo. En otras palabras, eliminando de nuestro pensamiento todo aquello que no viene de Dios. Una afirmación poderosa es decir: *"Si hay algo que está impidiendo mi sanación, quiero que se disuelva ahora".*

Debemos **establecer una actitud correcta**, apropiándonos de pensamientos de Verdad, de pensamientos que vienen de lo perfecto en nosotros, de lo divino, de lo puro, de lo sublime. En otras palabras, debemos recibir dirección y apropiarnos de la mente supraconsciente, la mente espiritual en nosotros.

Para obtener la sanación, primero debemos eliminar la causa mental.

Todas las causas tienen un efecto. Las causas están en la mente y el efecto lo manifiesta el cuerpo. Si albergamos en nuestra mente pensamientos erróneos de enfermedad, manifestamos en nuestro cuerpo enfermedad. Si por el contrario, nuestros pensamientos son de salud, nuestro cuerpo manifestará salud. No hay enfermedades, lo que hay son enfermos.

Debemos entender y realizar que somos, primero que todo, seres espirituales, antes que seres mentales, emocionales y físicos. El verdadero ser espiritual que somos es el modelo para el ser físico. **Dios nunca ha estado enfermo.** El ser espiritual en nosotros nunca puede ser lastimado. Ese ser espiritual en nosotros, es el molde para que nuestro cuerpo físico pueda repararse y restablecerse. La salud perfecta resulta de mantener nuestros pensamientos centrados en la vida pura de Dios en nosotros.

"Dios restaura y redime siempre"

No podemos ser negligentes con nuestro cuerpo. Éste necesita descanso, alimentación, ejercicio y que se le escuche. No debemos desobedecer las reglas de la salud ni de la sanación. Como casa del espíritu, del alma y templo de Dios, si mantenemos una actitud correcta, nuestro cuerpo se mantendrá siempre joven y sano, siempre restaurándose. El espíritu no tiene edad, es eterno, así como Dios es eterno. **El alma siempre se está desenvolviendo en las ideas de Dios y éstas ideas son eternas e incambiables.** *El alma es eterna.* Está en contacto con lo verdadero de Dios, lo espiritual y también con lo humano de nosotros y las experiencias de vida. **El cuerpo**, si está de acuerdo con los pensamientos de Vida, Amor, Sustancia, Poder e Inteligencia, nunca es viejo. Nos renovamos todos los años. Las células, los tejidos, la sangre y la piel, se están renovando constantemente. Renovamos nuestra apariencia, cambiando nuestros pensamientos y hábitos de vida. Si nos estamos renovando continuamente, entonces no podemos envejecer.

Si nos vemos enfermos y débiles es porque estamos fijando nuestros ojos en lo externo de nuestro ser y no en lo interno. En lo interno es donde Dios siempre está activo e incambiable. Estamos bien y fuertes cuando aprendemos a vivir en lo interno, donde sabemos que tenemos el poder de irradiar vida abundante e incesante. Es fundamental aprender a expresarnos positiva y correctamente. *El estudiante de Verdades Espirituales debe estar atento a lo que piensa, siente y expresa.* Pensamiento, sentimiento y acción deben dirigirse en la misma dirección.

Al cambiar nuestros hábitos negativos y nuestra manera de pensar, recibimos una corriente nueva de pensamientos divinos y de poder, los cuales nos liberan de viejas creencias y sus efectos. Esto hace que nuestra alma se torne positiva, se eleve y como resultado, nuestro cuerpo y asuntos son sanados.

Necesitamos atraer hacia nosotros; la luz, la vida y la sustancia de Dios, para nuestra salud y sustento. **Dios** es nuestra fuente, nuestra sustancia de vida, sabiduría y todo bien. *"Es la esencia de vida que se infiltra por todo nuestro ser"*.

Sanamos porque Dios es la vida perfecta fluyendo a través de nosotros. **Dios es la única sustancia pura de la cual está formado nuestro cuerpo.**

La fuente de vida renovadora y revitalizadora que es Dios, está siempre en medio de nosotros. Solamente manteniendo nuestra conexión divina, abrimos los canales de Su fluir inagotable. Este trabajo es individual y nos corresponde a cada uno de nosotros extraer de la Fuente/Dios/Padre y así restauramos la perfección en nuestra mente y corazón.

Energía y Luz

Jesús, al bajar del monte, después de habernos enseñado las Bienaventuranzas como nuestra guía a seguir, nos hace una invitación, diciéndonos:

—*"Dejad que vuestra luz brille delante de los hombres"*.

La guía nos ha abierto el Camino, la Verdad y la Vida y hemos alcanzado la comprensión de la Verdad de que somos seres especiales, dotados de energía radiante y luz. Realizamos conscientemente que no solamente somos hijos e hijas de Dios, sino además, **hijos de Luz.**

La manera de irradiar nuestra luz es individual, depende del nivel de conciencia que cada uno de nosotros va alcanzando.

Físicamente nuestro cuerpo es un centro de energía. Existen campos magnéticos de energía poderosos en nuestro corazón y nuestro cerebro. Estos dos órganos son la fuente mayor de energía y la que irradiamos, es energía radiante.

Según acumulamos energía, así también liberamos e irradiamos energía.

La guía, entre muchas cosas, nos señala maneras de llevar a cabo el proceso de acumular, de liberar e irradiar energía. **La única manera que podemos irradiar energía y luz es que interiormente estemos inmersos en ese estado de energía y luz.** *Acumulamos energía espiritual cuando meditamos, oramos y reflexionamos, ya que son prácticas que nos mantienen en la dimensión espiritual.* **Nos elevamos al estado de conciencia en que comulgamos con Dios cara a cara.**

Jesús me dice:

—Ahora sabrás cómo es que se aplica el concepto: *"al que tiene, se le dará más".* **Se le dará más** es lo que se conoce como **se le añadirá**. De lo que se te añade es que vas a dar, a liberar, a irradiar. *Lo que la Fuente, el Padre te da sin añadir, es lo que necesita tu ser. No debes dar de ahí.* Si lo haces, disminuyes tu energía, tu luz; te quemas, te deprimes, dejas de funcionar, te enfermas, dejas de cumplir con la guía.

Si aprendes a ver la totalidad de la vida en los demás, o sea, el amor, el poder y la sustancia de Dios, vas a conseguir que ellos usen su propia energía. Lo mejor que puedes dar es enseñar a los demás a manifestar lo divino, lo perfecto, lo puro y sublime en ellos".

Todo estudiante de la Verdad ha experimentado que mientras más da de lo que se le añade, más recibe, más gozo, alegría y plenitud expresa en su vida. El servir lo llena de energía y felicidad, *"Sabe que si sirve, sirve"*.

El principio **de Dar y recibir** está basado en el concepto de que **la Dádiva y el Dador es lo mismo.** Así como damos, recibimos. El dador es Dios (la Fuente, el Padre) y la dádiva viene de Dios (la Fuente, el Padre). Cuando estamos conectados con la Fuente, se nos da y se nos sobreañade. Así es que ya sabemos lo que debemos hacer con lo sobreañadido, para que continuemos en el ciclo de dar y recibir. *Si nos arriesgamos a interrumpirlo, nos separamos de la Fuente.* Dejamos de ser centro de energía y luz cuando estamos en conciencia de separación y no movemos la sustancia divina. Esta debe mantenerse siempre en movimiento. (Ver página 58).

Entre las leyes espirituales, tenemos la ley toda proveedora. Dios es la ley todo proveedora. Es la sustancia espiritual de la cual está hecho todo lo que necesitamos y deseamos. El Padre provee a todos Sus hijos abundantemente, de Su propia abundancia.

De lo sobreañadido que recibimos de Dios, damos sustancia, energía y luz.

En la literatura espiritual encontramos muchas descripciones de personas que liberaban e irradiaban energía y luz. En nuestro camino espiritual nosotros hemos tenido similares experiencias con amigos, familiares, maestros espirituales, servidores de la salud, que energizan a los que los rodean. Todas estas personas están inmersas en energía y luz divina, que pueden compartir libremente. Estas son personas que nos dan el mejor abrazo que se puede recibir, el **de Corazón a Corazón**.

Moisés, quien nos trajo del monte la guía de afirmación y negación y Jesús, quien nos enseñó la guía de afirmación y amor, son ejemplos del potencial de energía que se irradia cuando se está en la dimensión espiritual.

A **Moisés,** la tez de su rostro le brillaba con tal resplandor que necesitaba un velo para cubrirse. En el caso de **Jesús,** no solamente su rostro resplandeció como el sol, sino que sus vestiduras se volvieron blancas como la luz (la transfiguración).

—En el camino que recorrimos juntos, le hice la observación a Jesús, que al verlo orar, su cuerpo y su rostro irradiaban luz y su vestido se volvía blanco y resplandeciente—.

Me respondió Él:

—"Esa observación que hiciste la vas a notar en los demás, cada vez con más frecuencia.—

Visión espiritual (ver el bien, la Verdad y la belleza en todas partes), continúo diciéndome Él, es parte de lo que se adquiere al hacer el Camino. De esta manera, el ojo es bueno y la visión se perfecciona. La luz que vamos a ver es la luz de Cristo. *"Yo, la Luz, he venido a este mundo para que todo el que crea en mí no permanezca en tinieblas"*.

La luz es Verdad Absoluta. Las tinieblas o la oscuridad es verdad relativa, lo que conocemos como la apariencia. La verdad relativa puede ser cambiada, por el contrario, la Verdad Absoluta no cambia. La luz disuelve la oscuridad, porque todo lo aparente o relativo puede ser cambiado. Una habitación completamente cerrada, aparentemente esta oscura; verdad relativa. Al abrir una ventana, la oscuridad desaparece. Esto nos deja saber que todo lo aparente o relativo, puede ser cambiado o disuelto. *"Hágase la luz y la luz se hizo".*

La salud perfecta es la Verdad Absoluta, la abundancia es la Verdad Absoluta, la paz es la Verdad Absoluta, lo bueno es la Verdad Absoluta. Cuando se hace la luz, todo lo relativo y aparente, como la enfermedad, escasez, desarmonía, la duda, lo erróneo y lo no bueno, cambia a lo Absoluto, se desaparece y disuelve.

La luz espiritual transforma, reconstruye y embellece.

Vamos a ver lo que no se ve, lo ilimitado. Subimos a un nuevo nivel. La luz que vamos a brillar es la luz de sabiduría, de amor, de vida, de abundancia, de plenitud, de salud, de fortaleza, de comprensión, de orden, de fe, de poder.

Jesús sabía que podíamos seguir el camino de Su radiante conciencia. El *"No me mires a mí",* de Jesús, es para que mires **el Espíritu,** al igual que lo mira Él.

—"Mirémonos a nosotros mismos en la luz, me dijo Jesús".

Jesús alcanzó el estado de conciencia más elevado en la historia de la humanidad y nos dejó la guía para lograr las mismas cosas que Él logró y mayores aún. Nos dijo que la misma conciencia Crística que está en Él, también está en nosotros.

Los periodos que pasó en oración le llevaron a realizar que Dios era Su fuente de energía y de vida interior. Realizó que esa energía era vital para acelerar Su cuerpo a Vida eterna y de esa manera, resucitar Su cuerpo corruptible a un cuerpo incorruptible.

Tenía dominio de las afirmaciones y conocía lo poderosas que son. **Las afirmaciones son declaraciones positivas de la Verdad.** Convencido de su energía y poder, afirmó y repitió: ***"Yo Soy la resurrección y la Vida"***, hasta que lo demostró.

Jesús acumuló tanta energía espiritual, que al liberarla, produjo un efecto tan contundente que logró levantar Su ser humano hasta fundirse con Su ser divino, en la resurrección. Esta fue la demostración más grande que realizó.

La resurrección significa el levantamiento del hombre íntegro; espíritu, alma y cuerpo, a la conciencia Crística. La resurrección levanta todas las facultades de nuestra mente y las amolda a la mente Divina. Esta renovación produce una transformación completa en nuestro cuerpo, de modo que toda célula se vuelve incorruptible.

Jesús en este momento de la conversación me quería dejar saber que muchos piensan que hubo un momento de oscuridad en su camino.

Me dijo:

—"No hubo tal oscuridad y las palabras que salieron de mi boca cuando me encontraba en la cruz, se referían al salmo 22. Era costumbre de los judíos recitar los salmos de memoria. En ese momento, el salmo 22 llegó a mi mente y lo comencé a recitar. En este salmo David comienza diciendo, *"Dios mío, Dios mío, ¿Por qué me has desamparado? ¿Por qué estás tan lejos de mi salvación?"*.

Sabía que al dejar a Dios ser Dios, permitía el plan divino, **la resurrección**. Lo expresé diciendo, *"No sea como Yo quiero, sino como Tú"*, pues la voluntad del Padre para mi es el bien y el bien para mí, era la resurrección".

Entender que la voluntad humana jamás prevalecerá, es importante para todo estudiante de la Verdad. Es bueno aprender y dejar que el plan de Dios se desenvuelva, y es entonces que subimos a un nuevo nivel.

Necesitamos aprender a cancelar lo que no es el bien de Dios para nosotros y lo logramos, *crucificando lo que no viene de Dios.* **La crucifixión** *ocurre cada vez que cancelamos pensamientos y sentimientos erróneos.* La cruz tiene dos maderos: uno horizontal y otro vertical. Estos dos componentes de la cruz representan dos estados de conciencia. El horizontal, es el de la conciencia de los sentidos y el vertical, el de la conciencia espiritual. Al elevar nuestros pensamientos a un estado superior (el madero vertical), cancelamos pensamientos erróneos que se encuentran en la conciencia de lo humano (madero horizontal).

De esta manera, resucitamos todos los días, pues levantamos todas las facultades en nuestra mente y las amoldamos a las ideas Absolutas de la mente Divina. *La resurrección no es del futuro,* tiene lugar en nosotros cada vez que nos levantamos a la comprensión de nuestra unidad con y en Dios. Afirmar frecuentemente hasta que se haga realidad; *"Soy uno con Dios y en Dios". "Él es uno en Mí",*

Las Verdades Espirituales son para conocerlas y vivirlas, según lo que representan en nuestras vidas. Los ladrones que se encontraban junto a Jesús en la crucifixión, representan estados de conciencia en distintos momentos de nuestras vidas. El ladrón *"malo"* se encuentra estancado en su pasado, representa lo no redimido en nosotros. Las fuerzas no redimidas en nosotros, son entre otras; los placeres descarriados, deseos pervertidos, apetitos por poder, la ambición, la avaricia, los celos infundados, los chismes, mentiras, la vanagloria y juzgar.

El ladrón *"bueno"* representa *el "aquí y el ahora".* *"Ahora estarás conmigo en el paraíso".* Cuando vivimos en el aquí y en el ahora, (en el presente), estamos permitiendo que Dios se exprese en nosotros y a través de nosotros. En el aquí y en el ahora somos reyes y reinas del Reino. Vivir en el presente nos mantiene en el paraíso. La práctica de vivir en el presente nos quita la adicción al continuo pensar y hablar del pasado y el futuro. *Lo único que existe es el ahora.* El pasado ya pasó y el futuro no es real, no ha llegado, el mañana se convertirá en el hoy.

Jesús me pregunta:

—"¿Cómo explicas a los estudiantes de Verdades Espirituales los tres días en la tumba?"

—Yo le contesté: Me pides que complete todo el escenario, explicando lo que representan **los tres días en la tumba.** *Ellos representan los tres movimientos que lleva a cabo nuestra mente para vencer el error.*

El primero es la **no resistencia y humildad.** Aceptar el proceso, en vez de luchar contra él. Nuestra actitud de no resistencia nos permite enfrentar todos los retos victoriosamente. Una actitud de no resistencia crea una conciencia donde lo que vale la pena es atraído y lo que no, desaparece.

El segundo es **estar receptivo a recibir la voluntad Divina**. *"No sea mi voluntad, sino la tuya".*

El tercero es la **asimilación y cumplimiento de la voluntad Divina**. Al vencer el error hemos llegado al máximo en el cumplimiento de la voluntad Divina. **La voluntad de Dios para nosotros es el bien Absoluto—.**

Cuando somos receptivos y cancelamos toda resistencia, asimilamos la voluntad de Dios en nuestra vida y todo se convierte en bueno. El deseo de Dios y Su voluntad para nosotros es: perfecta vida, salud, sabiduría, amor, ilimitada abundancia, fortaleza, paz y serenidad,

Cuando hemos asimilado y realizado *"No sea como yo quiero"*, le damos paso a la manera de Dios y todo en nuestras vidas se convierte en bueno. Todo va a ser diferente y en orden divino.

Orden divino significa que todo está trabajando de un modo correcto. Vemos a cada persona, a cada evento, como parte íntegra de ese orden. No hacemos que suceda, pues el orden divino ya es parte de nuestras vidas.

La voluntad de Dios es el bien. *En el mundo de Dios no existe bien y mal, como tampoco hay problemas.* **Dios es principio, no tiene opuesto, es solamente bien.** *El espíritu, que es la actividad de Dios en nosotros, nos lo enseña y nos lo recuerda todo.* Expresemos Su Presencia y Su Poder, que es y está en nosotros.

La conversación nos llevó al tema del **Perdón** y Jesús me dijo en pocas palabras:

—"Yo abrí mi corazón para perdonar y esta acción abrió mi camino a la resurrección y vida eterna. *"Padre, perdónales, porque no saben lo que hacen".*

Sabía que podía perdonar con el pensamiento, a todos los que actuaron en mi contra. Preferí hacerlo con palabras que salieron de lo más profundo de mi corazón. **El Perdón** es un requisito para pasar a una nueva dimensión, para vivir la vida eterna y para vivir en la eternidad del Padre. No avanzamos si albergamos algún pensamiento de rencor o desarmonía.

Espiritualmente estamos programados para vivir en amor, armonía, comprensión y paz. **Debemos hacer de la paz y el amor nuestra mayor virtud.**

El perdón que Yo enseño es la conciencia del perdón, que nos dice: *"En el verdadero perdón, no hay nada que perdonar".*

El perdón trabaja en lo humano. Es la razón por la cual no hay que pedir perdón a Dios. Dios es amor. No sostiene ningún sentimiento falto de perdón. No juzga. Son los humanos los que juzgan y es por eso que tienen que perdonar.

Dios quiere que veamos a todos como Sus hijos, a pesar de que algunas personas no expresan Su semejanza. No tenemos que estar de acuerdo con el mal comportamiento o malas acciones de otra persona, pero si tenemos que aceptar y reconocer el Cristo, en la persona que no lo está expresando".

—Después de oír estas palabras de Jesús, le digo: Has dejado bien claro que tenemos que cambiar la manera de pensar y saber que las situaciones externas no tienen que afectar la paz de nuestra alma. El coraje, el odio y el resentimiento, no importa la causa, nos lleva a la destrucción de nuestro cuerpo/templo y de nuestra alma.

"El Espíritu Santo nos lo enseña y nos lo recuerda todo". Dejémosle saber a Dios que ya no vamos a juzgar más a un hijo suyo. Solamente vamos a ver el Cristo en la persona, aunque no lo esté expresando—.

Jesús me dijo:

—"Cuando aprendes a abrir la puerta del perdón, el camino se te despeja para entrar en el Reino.

Deseo que comprendas que no hay que morir para resucitar. **La resurrección** es una nueva manera de pensar y de vivir y no tiene nada que ver con lo físico. La resurrección nos convierte en un habitante, aquí y ahora, de *"un nuevo cielo y una nueva tierra"*. Es la meta de los vencedores, *"seremos como ángeles de Dios en los cielos"*.

Logramos la resurrección, al espiritualizar nuestra alma.

La resurrección, que *fue la mayor demostración que llevé a cabo*, me abrió el camino a la Vida Eterna. **La Vida eterna es vivir en la eternidad de Dios.**

Si me sigues de la mano, solamente debes cumplir un requisito para obtener vida eterna, y éste es, **creer en mí**: *"Yo Soy la resurrección y la Vida y todo aquel que en mí cree, vivirá para siempre".*

La resurrección levanta nuestro espíritu, alma y cuerpo a la conciencia Crística. Subimos a un nuevo nivel en conciencia Dios.

Todos los días podemos estar viviendo o muriendo. Por ignorancia, por dudas y por querer hacer nuestra voluntad, desarrollamos estados destructivos y negativos, que se expresan en condiciones que nos limitan. A través del levantamiento del Cristo Morador, podemos vencer todo estado mental contrario al bien de Dios y vivir una vida nueva, abundante y plena.

Continúa diciéndome Jesús:

—"Si me sigues te libero de la creencia en la muerte. Lo opuesto a la muerte es nacer. La Vida no tiene opuesto, es continua, es eterna. Es la expresión eterna de vida divina. Su fuente es Dios. No se vuelve nuestra hasta que la comprendamos conscientemente. Hay que comprender que la Vida es una facultad espiritual y eterna de Dios y no una fuerza que depende únicamente del cuerpo físico. Yo entré en la vida eterna porque me sostuve en la vida Omnipresente de Dios y la hice una con mi cuerpo. Ese es el secreto de lograr vida eterna".

Aura

—Al final de Tu guía, el Sermón, nos dices que dejemos que nuestra luz alumbre delante de los hombres. Esto que dices me da la oportunidad para describir el Aura.

El aura se describe como una aureola o un círculo de luz alrededor de la cabeza. **Es la emanación de pensamientos que rodea a cada persona.** No es imaginación como algunas personas creen. Existe, y es visible al ojo penetrante de los más avanzados espiritualmente.

El aura no es visible a todas las personas. Los que reconocen y practican en sus vidas las **Verdades Espirituales,** han desarrollado en sus cuerpos una súper energía de vida, que las envuelve en un aura luminosa que puede ser notada por ellos mismos y por otros. El pensar espiritualmente, abre y libera de nuestras células, tejidos y órganos, la energía de vida acumulada en nosotros. Esto es así, ya que **somos el canal de la fuente de energía que proviene de Dios**. El sobrante de energía, la que se nos ha añadido, la liberamos y la irradiamos, como luz. Recordemos que Dios, la Fuente, nos da ilimitadamente y cuando estamos en conciencia Dios, Él nos da todo lo que necesitamos y deseamos y nos sobreañade. Dios nos sobreañade para que demos de lo añadido y no de lo que necesitamos—.

Los estudiantes de Verdades Espirituales entienden lo que dijo Jesús: *"al que tiene se le dará más"*. Mientras más das, más recibirás, **es la ley de circulación y espacio**. Al dar de lo que tenemos añadido, abrimos el espacio para recibir. Es un ciclo de circulación perfecto y divino. La abundancia sigue llegando ilimitadamente y es necesario ponerla a circular en servicio, buenas obras y acciones, por ley divina.

Vida Eterna

Hemos llegado al final del camino, a nuestra meta, que es la vida eterna. Se llega a ella si le damos al espíritu que está en nosotros, la oportunidad de expresarse a sí mismo.

Todos tenemos vida y ella es, la eterna vida de Dios. Podemos definir vida eterna como vivir eternamente la vida de Dios. Cuando vivimos en conciencia Dios, la vida eterna es parte de nosotros. Si reconocemos que Dios, principio activo y eterno, está en nosotros, nos sostenemos en la vida Omnipresente Dios y la hacemos una con nuestro cuerpo.

La vida es una idea divina y todas las ideas divinas son eternas. La vida eterna no significa existencia física.

La vida eterna no se vuelve nuestra en realidad, hasta que la comprendamos conscientemente.

El cuerpo no es materia, es la sustancia y la vida Dios en expresión. La sustancia es la energía viviente de lo cual todo está hecho. Dios es la totalidad de la siempre presente sustancia y está en nuestro cuerpo al igual que lo está la vida. Nuestro cuerpo, como ya sabemos, fue hecho a la imagen, al diseño, a la idea de Dios, al igual que todo lo creado o formado. Por lo tanto, toda forma en el universo, tiene en sí una imagen o diseño mental. Esta forma puede destruirse o ser destruida, pero la imagen continúa. Nosotros somos mucho más que cuerpo. Nuestra realidad es que somos también espíritu y alma.

Antes de destruirse el cuerpo, nuestra alma y nuestro espíritu se funden en uno. Se lleva a cabo el proceso de la unificación o espiritualización de nuestra alma. Espiritualizar nuestra alma es nuestro propósito en esta existencia de vida terrenal.

Cuando se destruye el cuerpo, el espíritu y el alma, unificados y fundidos en uno, se encuentran sin hogar, ya que la casa, el cuerpo terrenal que los albergaba, no existe. Entonces, el espíritu y el alma espiritualizada se revisten de

un cuerpo espiritual, llamado cuerpo celestial. Este cuerpo celestial revierte a su esencia original, en la casa del Padre.

Cuando esto ocurre y el cuerpo espiritual reemplaza al cuerpo físico, todos vamos a hacer lo que hizo Jesucristo, habitar en la morada que se nos ha destinado.

Las enseñanzas de Jesús son la comida que a vida eterna permanece.

Redención es un levantamiento hacia la luz. Lo inferior de nosotros lo vamos a armonizar con nuestros patrones espirituales. *"Pues es necesario que esto corruptible se vista de incorrupción". "Habéis renacido, no de simiente corruptible, sino de incorruptible, por la palabra de Dios que vive y permanece para siempre".*

La vida es divina, espiritual y su fuente es Dios. El río de la vida está en la conciencia espiritual del hombre. Nosotros podemos ser acelerados con vida nueva y vitalizados en mente y cuerpo, por medio de la oración, la meditación y las buenas obras. La oración nos levanta al nivel de conciencia donde estamos conscientes que el bien de Dios para nosotros ya existe.

La promesa al que vive eternamente en conciencia de Dios es; *"Hoy estás conmigo en el paraíso"*. Paraíso significa un estado de conciencia espiritual elevado. Vivir en un estado de conciencia en el hoy, en el ahora.

Cuando vivimos en conciencia Dios, resucitamos un cuerpo espiritual y enterramos un cuerpo terrenal.

La energía vital de la vida eterna existe en cada célula de nuestro cuerpo. El hombre muere al no usar con sabiduría su poder directivo. *Debemos acostumbrar nuestra mente a pensar en la Verdad* y así podemos cambiar nuestra manera de pensar, hablar y actuar. Hemos decretado miles de cosas que no queremos que nos sucedan, pero al decretarlas, han sucedido y estamos sufriendo las consecuencias.

Nuestro cuerpo es débil o fuerte, de acuerdo a lo que decretemos para él. Cada órgano está funcionando de acuerdo a lo que hemos decretado. Todo órgano y miembro del cuerpo, responde a lo que decretemos. *"Ay de aquellos que decretan injustos decretos"*.

Debemos seguir el camino de los vencedores, **cuya meta es la regeneración y la resurrección**. Sabemos que **la regeneración** es la unificación del espíritu, alma y cuerpo, en unidad espiritual. Para que esto se lleve a cabo es necesario comenzar el trabajo con la mente consciente y completarlo en el subconsciente (la parte de la mente donde se hace la transformación). El primer paso es renunciar a todos los pensamientos erróneos, o sea, purificación total de la conciencia. Al lograr eliminar y negar los pensamientos erróneos (a lo que algunas personas le llaman pecados), el camino está preparado para el segundo paso, la infusión del Espíritu Santo.

Sabemos también que la resurrección es la completa expresión de la vida Crística. Es la elevación y restauración a la unicidad de nosotros con Dios. Somos uno con y en Dios.

El Creador de nosotros conoce su creación y la restaura siempre. *"Dios restaura y redime, y soy sano"*. **Restauración** significa volver a poner una persona o cosa en el estado que estaba antes.

En la vida terrenal vivimos una sola vez. Si vivimos en conciencia Dios, una sola vez es suficiente.

GRACIA

Podemos comprender que hay un impulso natural en nosotros que nos dirige hacia lo mejor, hacia lo bueno y correcto. Ese impulso que nos mantiene fluyendo en la Presencia Dios, nos es dado como regalo incondicional por ser hijos e hijas de un Padre amoroso y bueno. Ese impulso nos lleva a estar conscientes de que Dios es TODO y nosotros somos parte de ese TODO. Cuando estamos receptivos y realizamos la Verdad en nuestra mente, en nuestro corazón, vivimos en conciencia del Padre, eternamente.

Vivir la vida espiritualmente es lo mejor para nuestra alma. Dios nos ha dado el mejor regalo al que podemos aspirar. Ese regalo es la **Gracia.** Su voluntad es darnos el **favor divino.**

No tenemos que pedir, ni ganar el regalo de la Gracia. Ésta es inagotable y Dios nos la da por amor. **Es el amor de Dios en acción.** La Gracia confirma la bondad de Dios en nuestras vidas. La recibimos todos por igual, porque somos expresiones de Dios. O sea, que no es solamente para los *"buenos"*. Es la ayuda y el favor de Dios en nuestro proceso de regeneración. *"Por gracia sois salvos"*. *"La Gracia y la Verdad vinieron por medio de Jesucristo"*.

La Gracia es una explicación de por qué las cosas jamás son totalmente irremediables, de por qué no hay condición alguna que en realidad, sea incurable. La ley de gracia es: *"Perdona y serás perdonado"*.

Después de esta enseñanza, mi corazón repetía gracias, gracias por la **Gracia**. Gracias por dejarme llevar de la mano de Jesús y poder comprender y aceptar que Él es el Camino, la Verdad y la Vida.

La luz que entraba por la ventana de mi habitación me despertó. Me había quedado dormido abrazando contra mi pecho la pintura de Jesús, que encontré entre los apuntes de mi clase. Rodeado, envuelto y protegido por la luz divina del amanecer, mi alma se encontraba inmersa en el amor de Dios. En ese momento fluyen a mi mente dos oraciones: la oración de protección (1) y la oración de fe (2).

(1) La Oración de Protección:

La luz de Dios me rodea

El amor de Dios me envuelve

El poder de Dios me protege

La Presencia de Dios vela por mí

Donde quiera que estoy, Dios está y todo está bien.

(2) La Oración de Fe:

Dios satisface mi necesidad
Sacia mis ansias Su inmensa piedad
Conmigo anda y es mi guía
Cada momento de este día.

Ahora tengo sabiduría,
Verdad, paciencia, bondad, amor
Todo lo puedo, todo lo soy
En Cristo, luz del alma mía.

Dios es mi salud, no puedo enfermar
Dios es mi ayuda, no falla jamás
Dios es mi todo, voy sin temor
Bajo las alas de Su amor. Gracias Dios, Amén

www.ingramcontent.com/pod-product-compliance
Lightning Source LLC
LaVergne TN
LVHW011240080426
835509LV00005B/571